国家珍贵古籍名录·吕氏春秋

中国珍贵典籍史话丛书

㉔

《吕氏春秋》史话

张双棣 ◆ 著

國家圖書館出版社

图书在版编目（CIP）数据

《吕氏春秋》史话 / 张双棣著 . ﹣﹣北京：国家图书馆出版社，2019.5

（中国珍贵典籍史话丛书）

ISBN 978-7-5013-6685-9

Ⅰ.①吕…　Ⅱ.①张…　Ⅲ.①杂家　②《吕氏春秋》—研究　Ⅳ.① B229.25

中国版本图书馆 CIP 数据核字（2019）第 043732 号

书　　名	《吕氏春秋》史话	
著　　者	张双棣　著	
责任编辑	张珂卿	
出　　版	国家图书馆出版社（100034　北京市西城区文津街 7 号） （原书目文献出版社　北京图书馆出版社）	
发　　行	010-66114536　66126153　66151313　66175620 66121706（传真）　66126156（门市部）	
E-mail	nlcpress@nlc.cn（邮购）	
Website	www.nlcpress.com →投稿中心	
经　　销	新华书店	
印　　装	北京金康利印刷有限公司	
版　　次	2019 年 5 月第 1 版　2019 年 5 月第 1 次印刷	
开　　本	710×1000（毫米）　1/16	
印　　张	9.75	
字　　数	116 千字	
印　　数	1—3000 册	
书　　号	ISBN 978-7-5013-6685-9	
定　　价	40.00 元	

《中国珍贵典籍史话丛书》工作委员会

主　任：饶　权

副主任：张志清　汪东波

委　员（按姓氏笔画排序）：

王水乔　王筱雯　韦　江　历　力

孔德超　申晓娟　任　竞　全　勤

刘宇松　刘杰民　刘显世　刘洪辉

次旦普赤　李　彤　李　勇　李　培

李晓秋　何光伦　张景元　陈　超

范月珍　林世田　林旭东　周云岳

郑智明　赵瑞军　贺美华　高文华

陶　涛　常　林　韩　彬　褚树青

魏　崇　魏孔俊

《中国珍贵典籍史话丛书》编纂委员会

主　编：饶　权

副主编：张志清　汪东波　申晓娟　陈红彦
　　　　林世田

委　员（按姓氏笔画排序）：

王雁行　王嘉陵　史　睿　刘　蔷

刘玉才　孙　彦　朱赛虹　张丽娟

李国庆　李勇慧　沈乃文　陈清慧

邱奉捷　拓晓堂　罗　琳　郑小悠

洪　琰　徐忆农　耿素丽　贾贵荣

梁葆莉

《中国珍贵典籍史话丛书》顾问

（按姓氏笔画排序）：

王尧　王素　王余光　史金波

白化文　朱凤瀚　许逸民　吴格

张忱石　张涌泉　李孝聪　李致忠

杨成凯　陈正宏　施安昌　徐蜀

郭又陵　傅熹年　程毅中

《中国珍贵典籍史话丛书》序

　　书籍是记载人类文明发展历程的重要载体，是传播知识和保存文化的重要途径，它蕴藏着丰富的历史文化内涵，是人们汲取精神营养和历史经验的重要来源，在民族兴衰和文化精神的传承维系中，发挥着不可替代的作用。

　　《尚书·多士》云："惟殷先人，有册有典。"在中华民族数千年的岁月里，人们创造出浩如烟海的典籍文献。这些典籍是中华文明的结晶，是民族生存的基石和前进的阶梯。作为人类发展史上最有价值的文化遗产之一，中国古代典籍是构成世界上唯一绵延数千年未曾中断的独特文化体系的主要成分。

　　然而，在漫长又剧烈变动的历史中，经过无数次的兵燹水火、虫啮鼠咬、焚籍毁版、千里播迁，留存于世间的典籍已百不遗一。幸运的是，我们这个民族具有一种卓尔不群的品质：即对于文化以及承载它的典籍的铭心之爱。在战乱颠沛的路途上，异族入侵的烽火里，政治高压的禁令下，史无前例的浩劫中……无数的有识之士，竭尽他们的财力、智慧乃至生命，使我们民族的珍贵典籍得以代代相传，传承至今。这些凝聚着前人心血的民族瑰宝，大都具有深远的学术影响、独特的艺术魅力和突出的文物价值，是今天人们了解和学习我国优秀传统文化的宝贵实物资料。它们记载着中华民族的辉煌历史和灿烂文化，诉说着中华民族的百折不挠、临危不惧的民族精神，是先辈留给我们的宝贵精神财富。

新中国成立以来，党和国家高度重视典籍文献的保护工作。2007 年启动实施的"中华古籍保护计划"，由国家古籍保护中心（国家图书馆）负责实施，成效显著，在社会上产生了极大的反响。迄今为止，已由国务院陆续公布了四批《国家珍贵古籍名录》，收录了全国各类型藏书机构和个人收藏的珍贵古籍 11375 部，并拨付专项资金加以保护。可以说，这是一项前所未有的伟大事业。

尽管我国存世的各种典籍堪称汗牛充栋，但为典籍写史的著作却少之又少，许多典籍所蕴含的历史故事鲜为人知。如果不能及时加以记录、整理，随着时代的变迁，它们难免将逐渐湮没在历史长河中，成为中华文明传承中的一大憾事。为此，2012 年年底，国家图书馆启动了"中国珍贵典籍史话丛书"项目，旨在"为书立史""为书修史""为书存史"。项目由"中华古籍保护计划"支持立项，采取"史话"的形式，选择《国家珍贵古籍名录》中收录的蕴含着丰富历史故事的珍贵典籍，用通俗的语言讲述其在编纂、抄刻、流传、收藏过程中产生的引人入胜、启迪后人的故事，揭示其与当时的政治、经济、文化和社会发展的密切关系，力图反映中国书籍历史的辉煌与灾厄、欢欣与痛楚。通过生动、多样、丰满的典籍历史画面，使人们更深入地了解和认识典籍，领略典籍的人文精神和艺术魅力，感受中华文化的深厚底蕴。

中华优秀传统文化是我们最深厚的文化软实力。"中国珍贵典籍史话丛书"是以人们喜闻乐见的方式弘扬中华民族博大精深的灿烂文化，使书写在古籍里的文字活起来的一次有益尝试。丛书力求为社会公众提供普及读物，为广大文史爱好者和从业人员提供学习资料，为专家学者提供研究参考。其编纂主要遵循两个原则：一是遵循客观，切近史实。本丛书是关于典籍的信史、正史，而非戏说、演义。因此，每一种史话都是作者钩沉索隐、多方考证的结果，力求言之有据，资料准确，史实确凿，观点审慎；二是通俗生动，图文并茂。本丛书旨在让更多的人了解和热爱中华典籍，通过典籍深入理解中华文化。相对于一般学术著作，它更强调通俗性和生动性，以史话的方式再现典籍历史，雅俗共赏，少长咸宜。

我们真切地希望，通过这套丛书，生动再现典籍的历史，使珍贵典籍从深闺中走出来，进入公众的视野，走进每位爱书人心中，教育和启迪世人，推动"关爱书籍，热爱阅读"的社会风气的形成，让承载着中华文明的典籍在每个人心中长留悠远的书香，为提升全民族文化素养、推动传统文化与时代精神的融合发展做出积极贡献。

"中国珍贵典籍史话丛书"项目自启动以来，得到了社会各界的广泛关注和专家学者的大力支持。一批有较高学术造诣的专家学者直接参与了丛书的策划和撰稿工作，并对丛书的编纂工作积极建言献策，给予指导。借此机会，深表感谢。以史话的形式为书写史，尚属尝试，难免有疏漏、不妥之处，敬请专家学者批评指正，也欢迎广大读者提出宝贵意见和建议。

韩永进

2014 年春于北京

目　　录

自　序

　　2016 年 10 月接国家图书馆高柯立先生电话。他说，他们正在编辑一套《中国珍贵典籍史话丛书》，希望我能承担《〈吕氏春秋〉史话》的撰写，并且说，时间由我来定，不急。我答应他了。

　　我的《吕氏春秋》研究始于 20 世纪 80 年代初。当时，了一师倡导汉语史研究应以专书语言研究为基础，在了一师的指导下，我与三位大学时期的同学选定《吕氏春秋》作为专书语言研究的第一部书。要研究《吕氏春秋》的语言，首先要读懂《吕氏春秋》。我们首先写出《吕氏春秋译注》。随后，又编写了《吕氏春秋索引》，作了《吕氏春秋词典》。后来我们又分头写了《吕氏春秋词汇研究》《吕氏春秋词类研究》等专著。到 20 世纪 80 年代末，我们的《吕氏春秋》研究告一段落。

　　此后，我转入了《淮南子》的研究。虽然时时翻看《吕氏春秋》，对《吕氏春秋译注》做过修订和改编，并应方勇教授之约充当《子藏·吕氏春秋卷》的主编，但没有再作深入系统的研究。与《中国珍贵典籍史话丛书》之约几乎同时，袁行霈先生主编的《中华传统文化百部经典》也要我作《吕氏春秋》。这样一来，又迫使我再次从头至尾认认真真地重读《吕氏春秋》。我参阅各家著作，整理对《吕氏春秋》的理解，写成这本《〈吕氏春秋〉史话》。这本小书就是我对于吕不韦和《吕氏春秋》的一点认识，写得很肤浅，很不深入。如果能起到一点普及的作用，也就该心满意足了。

出版社接到文稿后要求我写一篇序言，随便就《吕氏春秋》与我的这点缘分写了上边几句话，姑且就算作序吧。

张双棣

2018 年 12 月 14 日

于京西博雅西园

《吕氏春秋》是战国末期的一部大书，一部奇书。秦国相邦吕不韦召集宾客并主持编写。《吕氏春秋》内容鸿博，思想深邃，集先秦儒墨道法等各家之长，成吕氏独特一家之言，被班固归之杂家，即融合之家，兼容之家。

第一章　吕不韦其人和《吕氏春秋》的成书

第一节　吕不韦其人

一、吕不韦所处的时代

吕不韦生活在战国末期。战国时代是中国历史上大动荡、大发展、大繁荣的时期。通过春秋末期和战国前期的兼并战争，到战国后期，很多小国逐渐被消灭，虽然还有鲁、宋、卫、中山等国夹在大国中间，基本形成了齐、楚、燕、韩、赵、魏、秦七雄争霸的局面。七雄之间，纵横捭阖，政治竞争越发激烈，军事斗争越发残酷。这一时期，随着冶铁业的发展，出现铁制兵器，这比起以前的铜制兵器要锋利很多；同时，弩之类远射武器也出现了，可以从较远的地方攻击敌人；又有攻城的云梯，舟战的钩拒等产生，战争的杀伤力大大增强。

七雄都想扩张领土，最终称王天下。六国任用苏秦，联合抗秦；秦国重用张仪，采用连横之策，各个击破六国的联合。秦国虽地处西偏，但它承袭了西周的文化与精神，存有巨大的发展潜力。在秦孝公时任用商鞅变法，励耕战，抑工商，重刑法，绌礼义，国力渐强，其后秦惠王、秦昭王不断向外扩张，灭掉西戎，兼并巴蜀，逐渐发展和强盛起来，到吕不韦所处的时代，秦国在七雄之中，可算强中之强了。其吞并六国、统一天下的欲望越发明显了。

这一时期，经济空前繁荣。科学技术的发展，促进了生产力的发展。首先是冶铁业的进步，各国都较普遍地使用了铁制农具，大大促进了农业发展。各国都十分重视水利工程对于农业生产的重要作用，大力兴修水利，李冰父子修建的都江堰是当时著名的水利建设。随着农业、手工业的发展，商业也异常活跃，各国商贾往来，出现一批富商巨贾，积累大量财富，吕不韦即其中之一。

战国时期，思想空前活跃，文化空前发展。各个学派纷纷建立自己的思想体系，儒家、墨家、道家、法家、阴阳家等大力宣扬自家的主张，形成百家争鸣的局面。到战国后期，显露出各家相互影响，甚而有所吸收的苗头。

二、吕不韦的里籍和生卒年

吕不韦的里籍，《史记·吕不韦列传》与《战国策·秦策》所记略有出入，《史记·吕不韦列传》云："吕不韦者，阳翟大贾人也，往来贩贱卖贵，家累千金。"《战国策·秦策五》说："濮阳人吕不韦贾于邯郸。"《史记》说吕不韦是阳翟大贾人，《战国策》说吕不韦是濮阳人，似有不合。高诱在《吕氏春秋解》的序文中说："吕不韦者，濮阳人，为阳翟之富贾，家累千金。"

考濮阳与阳翟，濮阳属东郡；阳翟属颍川郡。《汉书·地理志》云："东郡，秦置。……县二十二：濮阳，卫成公自楚丘徙此。故帝丘，颛顼虚。"应劭注："濮水南入巨野。"《地理志》："颍川郡，秦置。县二十：阳翟，夏禹国。周末，韩景侯自新郑徙此。"颜师古注："阳翟本禹所受封耳。"由此看来，在战国末，濮阳属卫国，阳翟属韩国。

从高诱所述，吕不韦当是濮阳人，在阳翟经商发迹，并以此为驻地，成当地之巨贾，家累千金。四处贩贱卖贵，会经常往来于邯郸之间。吕不韦见异人奇货可居，归而与其父商议，其所归，盖为濮阳，濮阳距邯郸亦近。

至于吕不韦的生卒年，其生年《战国策》《史记》都没有记载，这也很好理解，吕不韦本是一个普通的商人，自然没有留下出生的记载。但根据其活动的情况，可以作大体的推测。其在邯郸经商，正值秦异人在邯郸为质。考察异人（后更名子楚）为质的时间，大约在秦昭王后期。《史记·秦始皇本纪》记载："庄襄王（即秦异人）为秦质子于赵，见吕不韦姬，悦而取之，生始皇。以秦昭王四十八年正月生于邯郸。"（秦昭王四十八年即公元前261年）由此可见，吕不韦献姬当在秦昭王四十七年（前260）正月左右。而此时是在吕不韦已倾家为子楚谋取秦王继承权之后。吕不韦为阳

图一　吕不韦像
（安徽旌德吕氏宗谱）

翟巨贾，家累千金，当时年龄不会过小，或正当壮年。由此推断，其生年
或当在秦昭王前期，即公元前295—285年之间。吕不韦卒年，《史记·秦
始皇本纪》记载很明确，"十二年（即公元前235年），文信侯不韦死，
窃葬"。吕不韦死后，被宾客窃葬于洛阳北邙山。据说，今河南偃师首阳
山镇大冢头村之大冢，即为吕不韦墓。笔者曾亲赴偃师，观吕不韦墓。据
说大冢头村之大冢原很大，其上有各种树木，还有房舍，后逐渐缩小，房
舍也毁坏消失。前些年在偃师第一高中校园内，今修洛偃公路，将大冢与
校园隔开。冢前有一碑，为1994年立，史学家张岂之写有《秦相国吕不
韦墓碑记》。

图二　偃师首阳山镇大冢头村　　　　图三　张岂之撰写碑文的
　　　　吕不韦墓　　　　　　　　　　　　　吕不韦墓碑

三、从富商巨贾到秦国相邦

吕不韦曾在赵国邯郸经商，知晓秦国质子异人亦在邯郸，便起了"奇
货可居"的念头。他认为，如果能帮助异人在秦国取得王位，其利益无限量，
但这要破家而为才有可能成功。吕不韦敢于下如此巨大的赌注，首先他要

十分了解秦国的宫廷情况以及秦国的政治状况。由此可以看出吕不韦不是一个简单的商人，而是很关心政治、很有敏锐政治眼光的商人。

异人是秦国安国君二十几个儿子中的一个，母亲夏氏，不被安国君宠爱。安国君宠爱的是华阳夫人，而华阳夫人无子。秦昭王四十年（前267），太子死，四十二年（前265），立次子安国君为太子。秦国质子异人在秦国的地位低下，秦国不顾质子的安危，多次攻打赵国，因此赵国对质子异人很不礼貌，他的处境十分窘迫。吕不韦看到这种情况，认为时机到了，他说："此奇货也，不可失。"（高诱《吕氏春秋序》）便与其父商议。《战国策·秦策五》记载："归而谓父曰：'耕田之利几倍？'曰：'十倍。''珠玉之赢几倍？'曰：'百倍。''立国家之主赢几倍？'曰：'无数。'曰：'今力田疾作，不得暖衣余食；今建国立君，泽可以遗世。愿往事之。'"吕不韦首先游说异人，说："吾能大子之门。"异人说："且自大君之门，而乃大吾门。"吕不韦说："子不知也，吾门待子门而大。"（《史记·吕不韦列传》）异人知其意，与之深谈。吕不韦便把他的计划向异人和盘托出，异人感激涕零，发誓说："必如君策，请得分秦国与君共之。"（《史记·吕不韦列传》）于是，吕不韦为异人四处奔波。首先拿出千金，一半为异人结交天下宾客，赢得好的声誉；一半打通秦国的关系，赢得华阳夫人及安国君的信任。为赢得华阳夫人的信任，异人改名子楚（华阳夫人是楚国人）。《史记·吕不韦列传》记载此事说：

　　吕不韦乃以五百金与子楚，为进用，结宾客；而复以五百金买奇物玩好，自奉而西游秦，求见华阳夫人姊，而皆以其物献华阳夫人。因言子楚贤智，结诸侯宾客遍天下，常曰："楚也以夫人为天，日夜泣思太子及夫人。"夫人大喜。不韦因使其姊说夫人曰："吾闻之,以色事人者,色衰而爱弛。今夫人事太子,甚爱而无子,不以此时蚤自结于诸子中贤孝者,举立以为适而子之,夫在则重尊,夫百岁之后,所子者为王,终不失势,此所谓一言而万世之利也。不以繁华时树本,即色衰爱弛后,虽欲开一语,尚可得乎? 今子楚贤,而自知中男也,次不得为适,其母又不得幸,自附夫人,夫人诚以此时拔以为适,夫人则竟世有宠于秦矣。"华阳夫人以为然,承太子间,从容言子楚质于赵者绝贤,来往者皆称誉之。乃因涕泣曰:"妾幸得充后宫,不幸无子,愿得子楚立以为适嗣,以托妾身。"安国君许之,乃与夫人刻玉符,约以为适嗣。安国君及夫人因厚馈遗子楚,而请吕不韦傅之,子楚以此名誉益盛于诸侯。

《战国策·秦策五》记载与《史记》有所不同,它说:

乃说秦王后弟阳泉君曰:"君之罪至死,君知之乎? 君之门下无不居高尊位,太子门下无贵者。君之府藏珍珠宝玉,君之骏马盈外厩,美女充后庭。王之春秋高,一日山陵崩,太子用事,君危于累卵,而不寿于朝生。说有可以一切而使君富贵千万岁,其宁于太山四维,必无危亡之患矣。"阳泉君避席,请闻其说。不韦曰:"王年高矣,王后无子,子傒有承国之业,士仓又辅之。王一日山陵崩,子傒立,士仓用事,王后之门,必生蓬蒿。子异人贤材也,弃在于赵,无母于内,引领西望,而愿一得归。王后诚请而立之,是子异人无国而有国,王后无子而有子也。"阳泉君曰:"然。"入说王后,王后乃请赵而归之。

赵未之遣,不韦说赵曰:"子异人,秦之宠子也,无母于中,王后欲取而子之。使秦而欲屠赵，不顾一子以留计，是抱空质也。若使子异人归而得立，赵厚送遣之，是不敢倍德畔施，是自为德讲。秦王老矣，一日晏驾，虽有子异人，不足以结秦。"赵乃遣之。

异人至，不韦使楚服而见。王后悦其状，高其知，曰："吾楚人也。"而自子之，乃变其名曰"楚"。王使子诵，子曰："少弃捐在外，尝无师傅所教学，不习于诵。"王罢之。乃留止。间曰："陛下尝轫车于赵矣，赵之豪桀，得知名者不少。今大王反国，皆西面而望。大王无一介之使以存之，臣恐其皆有怨心。使边境早闭晚开。"王以为然，奇其计。王后劝立之。王乃召相，令之曰："寡人子莫若楚。"立以为太子。

二者主要有两点不同，其一，《史记》说游说华阳夫人者，是华阳夫人姊；《战国策》说是王后弟阳泉君。其二，《史记》说吕不韦游说于秦，是秦昭王时；《战国策》说是在安国君即位之后。比较二者，其合理的解释似乎是，吕不韦在秦昭王时游说华阳夫人弟阳泉君，使阳泉君再游说华阳夫人。吕不韦游说华阳夫人姊，略显突兀；而其时间在安国君即位之后，又显得仓促。安国君即位不到一年而薨，这么大的事情很难一下子就成功。

秦孝文王即位不到一年而薨，太子子楚即位，是为庄襄王。庄襄王即位，立刻以吕不韦为丞相，封文信侯，食河南洛阳十万户。独掌秦国大权。吕不韦由富商巨贾，一跃成为七雄中最强大的秦国的相国。

吕不韦身分的转变，有人认为是商人投机的结果。我们觉得，这与吕不韦对当时六国错综复杂的国际关系，以及秦国宫廷内部人事关系的熟悉与洞察密不可分。吕不韦不是两眼只盯着金钱的庸商，而是一个有远见卓识的政治人物。从吕不韦游说秦质子异人，以及在秦国及其他六国之间穿梭游说，不仅显示吕不韦对各国政治的了解，同时可以看出吕不韦是一个很有辩才的辩士。其所言，皆句句在理，且能深深打动对方，使其采纳自己的主张。有人说，在这方面，他不亚于战国辩士张仪、苏秦者流，是有一定道理的。

四、吕不韦对秦国的贡献

吕不韦在庄襄王、秦王政时期，为相十三年。庄襄王在位三年而死，秦王政即位时年仅十三岁，尊吕不韦为相国，号称仲父。此时秦国的大政方针主要由吕不韦决定。他的权力超过昭襄王相国应侯范雎，《战国策》说："应侯之用秦也，孰与文信侯专？曰：'应侯不如文信侯专。'"吕不韦主理秦国国政，为完成统一大业做出了积极的贡献。

在内政方面，庄襄王即位之后，吕不韦首先安抚内部，"大赦罪人，修先王功臣，施德厚骨肉而布惠于民"（《史记·秦本纪》）。同时，吕不韦积极发展经济，兴修水利，发展农业。秦王政元年（前246），开凿郑国渠，使关中成沃野。《史记·河渠书》云："秦以为然，卒使就渠。

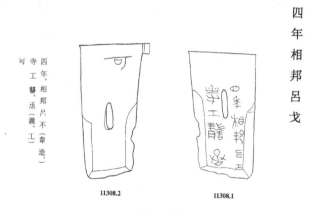

四年，相邦吕不（韦造）
寺工䘌，丞（羲、工）

11308.2   11308.1

四年相邦吕戈

图四　吕不韦四年戈

图五　吕不韦五年戈

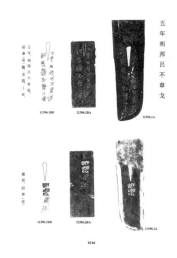

图六　吕不韦五年戈

渠就，用注填阏之水，溉泽卤之地四万余顷，收皆亩一钟。于是关中为沃野，无凶年，秦以富强，卒并诸侯，因命曰郑国渠。"在主张上农的同时，也鼓励工商，他曾说："凡民自七尺以上，属诸三官：农攻粟，工攻器，贾攻货。"（《吕氏春秋·上农》[①]）《史记·货殖列传》记载，秦始皇命大畜牧主乌氏倮"比封君，以时与列臣朝请"；并为依靠开掘丹砂致富的寡妇清筑女怀清台。这些事都发生在吕不韦执政时期，"夫倮鄙人牧长，清穷乡寡妇"如此豪富，能够"礼抗万乘，名显天下"，无疑是吕不韦鼓励工商的经济政策的结果。由此也可以看出秦国经济发展的一斑。秦国

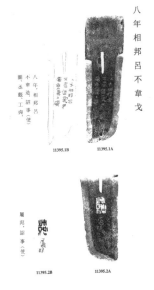

图七　吕不韦八年戈

① 以下凡引《吕氏春秋》，皆据北京大学出版社 2011 年版《吕氏春秋译注》。后引《吕氏春秋》者，一般只出篇名。

经济的全面发展，为它消灭六国统一天下打下了丰厚的物质基础。

吕不韦主张并致力于对六国的战争。典籍中明确记载吕不韦用兵的有两处：一处是《史记·秦本纪》："庄襄王元年……东周君与诸侯谋秦，秦使相国吕不韦诛之，尽入其国。秦不绝其祀，以阳人地赐周君，奉其祭祀。"吕不韦亲自率兵消灭东周，使作为号召力的形式上的周天子不复存在，这是对东方诸侯的一次沉重打击。另一处是《战国策·秦策五》："文信侯欲攻赵，以广河间，使刚成君蔡泽事燕三年而燕太子质于秦……赵王立割五城以广河间。归燕太子，赵攻燕得上谷三十六县，与秦十一。"吕不韦当政时期，秦国对六国发动了一连串的战争。《史记·秦本纪》："庄襄王元年……使蒙骜伐韩，韩献成皋、巩。秦界至大梁，初置三川郡。二年，使蒙骜攻赵，定太原。三年，蒙骜攻魏高都、汲，拔之。攻赵榆次、新城、狼孟，取三十七城。四月日食，王龁攻上党。初置太原郡。"这一系列战争都取得重大胜利，大大扩展了秦国的疆土，为秦国最终消灭六国统一天下奠定了基础。

文化方面，吕不韦也一反秦国独尊法家的政策，广收天下之士，多达三千人，作为他的宾客。这些人中，有各个学派的有识之士，尤其有大批儒士。这些可以彻底改变人们对于秦国重武轻文的印象，使秦国可以和齐、楚、赵、魏四公子广招贤士媲美，使秦国成为一个文化大国。吕不韦使其宾客人人著所闻，完成备天地万物古今之事的巨著《吕氏春秋》。这除了政治意义之外，在文化上也是一件壮举。

五、吕不韦与秦王政的矛盾

吕不韦与秦王政的矛盾，史书如《战国策》《史记》都没有明确的记载，但从侧面，尤其是一部《吕氏春秋》所体现的主张和做法，可以看出他们的尖锐对立。

吕不韦在秦王政亲政前一年，以相国与仲父的身份公布《吕氏春秋》，似乎已经看出他与秦王政在治国政策上的分歧，所以想要用《吕氏春秋》警示秦王政。秦王政见到这本《吕氏春秋》一定很恼火，这可能正是他随后找借口惩治吕不韦的真正原因。

吕不韦主张限制君主的权利，充实人臣的职责，即所谓"虚君实臣"。这与秦王政的一人独尊，是完全对立的。吕不韦认为，古之清世，皆法天地。君法天，臣法地，天虚而地实，因此他要求君虚，臣实。君主的主要职责是选人用人，而具体事务则要由臣下去做。秦王政秉承秦国的传统，君主一人大权独揽，怎能容下吕不韦如此剥夺他的权利。君权之争，是秦王政与吕不韦矛盾的焦点，二者形成根本的对立。吕不韦甚至推崇古代的禅让，《圜道》说："尧、舜，贤主也，皆以贤者为后，不肯

图八　秦始皇

与其子孙，犹若立官必使之方。"又《去私》说："尧有子十人，不与其子而授舜；舜有子九人，不与其子而授禹：至公也。"并且直接批评当时的君主，《圜道》说："今世之人主，皆欲世勿失矣，而与其子孙。"这些，对于想传于万世而为君的秦王政，更是绝对无法接受的。

吕不韦主张以民为本，用德义作为治国理政的基础，即所谓"民本德治"。这与秦王政的严刑苛法，是完全对立的。吕不韦认为治国当以民为本，

施政当以德为先，赏罚只能是一种辅助手段。但秦国的传统是处处严刑苛法，秦王政完全继承着这套传统。民本德治的做法，基本上是儒家的思想。吕不韦引进大量的儒生，作他的宾客，是有意吸取儒家对他有用的思想。荀子西入秦的感叹"其殆无儒耶"，"粹而王，驳而霸，无一焉而亡"（《荀子·强国》）。荀子是在昭王时入秦的，那时他已经预感到秦国的严刑苛法必招致灭亡的结果。

吕不韦主张以义兵统一天下，要诛暴君而振苦民，与秦王政的暴力征伐、滥杀降卒是完全对立的。秦国自商鞅之后，鼓励斩首立功封官进爵已成为秦国的国策。昭襄王在位之际，与敌国交战而胜，斩首敌军共九十四万六千。仅昭王十四年（前293），左更白起攻魏，斩首二十四万；四十七年（前258），武安君白起坑杀赵降卒四十余万。因斩首立功，很多人得以封官进爵，白起即由左更进封武安君。吕不韦看到这些，欲以义兵取代之，攻无道而伐不义，只诛其所当诛。吕不韦认为，秦国统一天下，秦国为天下之主，以暴力结怨于诸侯百姓，将无以为治。所以他主张义兵，让诸侯百姓体会到，秦军是救他们于水火之中的"王师"。无疑，吕不韦的政策是与秦王政所秉承的秦国的传统格格不入的。这又是吕不韦与秦王政矛盾和对立的一个方面。

秦王政与吕不韦有如此的对立，其后秦王政除掉吕不韦也就是顺理成章的事了。

六、吕不韦与赵姬

吕不韦与赵姬的关系，关系到吕不韦的生死存亡及后世的名声，应该理清楚。

关于吕不韦与赵姬，《战国策》没有记载，多见于《史记·吕不韦列传》。一处是：

> 吕不韦取邯郸诸姬绝好善舞者与居，知有身。子楚从不韦饮，见而说之，因起为寿，请之。吕不韦怒，念业已破家为子楚，欲以钓奇，乃遂献其姬。姬自匿有身，至大期时，生子政。子楚遂立姬为夫人。

另一处是：

> 庄襄王即位三年，薨，太子政立为王，尊吕不韦为相国，号称"仲父"。秦王年少，太后时时窃私通吕不韦……始皇帝益壮，太后淫不止。吕不韦恐觉祸及己，乃私求大阴人嫪毐以为舍人，时纵倡乐，使毐以其阴关桐轮而行，令太后闻之，以啗太后。太后闻，果欲私得之。吕不韦乃进嫪毐。诈令人以腐罪告之。不韦又阴谓太后曰："可事诈腐，则得给事中。"太后乃阴厚赐主腐者吏，诈论之，拔其须眉为宦者，遂得侍太后。

我们先说赵姬有身，献子楚，生子政一事。这是一桩千古公案。秦王政（即秦始皇）是秦襄王子楚之子，还是吕不韦之子，关系到吕不韦的声誉，以及秦国的血统。后世诋毁吕不韦者，常以此为说辞。然史迁此记是否真实可靠，大可讨论。赵姬有身而献子楚，至大期时生子政。此"大期"何解？一曰期者年也，即十二月为期；一曰大期即足月，亦即所谓十月而生。然此皆与献姬之"有身"情理不合。且史迁又云："赵欲杀子楚妻子，子楚夫人赵豪家女也，得匿，以故母子竟得活。"（《史记·吕不韦列传》）此云子楚夫人乃"赵豪家女"，与前云"诸姬绝好善舞者"，自相矛盾。

是司马氏一时之失，还是另有他意？《战国策》之所以没有此类记载，恐当时并无此说法。若此，则此事恐乃秦亡后之流言。后人猜测，或是六国人编造，羞辱秦王朝早已非嬴姓之秦，已被六国人吕氏所取代；或是吕后者流为己代刘氏正名而为，吕氏取代刘氏乃承续秦吕正统。无论如何，此绝非实事，史迁此记，是其一失也。

再说庄襄王死后，太后即赵姬与吕不韦时时私通。此事有无，仅凭史迁此言，当确定无疑。秦国太后淫乱，似有传统，宣太后与戎王及魏丑夫之事，史书多有记载。然戎王及魏丑夫皆非秦国重臣，而吕不韦乃秦王政仲父、权倾一时之相邦，难道会不顾自身声誉而有此淫乱之为？难道会不顾权力丧失而为此荒唐之事？

史迁还说，始皇帝益壮，太后淫不止。吕不韦恐觉祸及身，便将大阴人嫪毐举荐给太后。此事所记更显荒谬不经。嫪毐与吕不韦的关系，容后文再述。此段记述鄙陋粗俗，"使毐以其阴关桐轮而行，令太后闻之，以啗太后"，此言出自史迁之笔下，不禁令人汗颜。

七、吕不韦之死

秦王政九年（前238），即其亲政之年，以嫪毐与太后淫乱事觉，诛嫪毐三族，且谓事连吕不韦，欲治其罪，因其奉先王功大，及宾客辩士为游说者众，王不忍致法。然十年（前237），突然罢吕不韦相，逐回河南封地。

吕不韦被罢相之后，回到河南封邑。一年多后，即秦王政十二年（前235），诸侯宾客使者纷纷拜访吕不韦，大有迎请其出山之势。秦王政见此情景，十分恐慌，生怕吕不韦去往他国，构成对自己的极大威胁。急忙致书吕不韦，气急败坏地痛斥："君何功于秦，秦封君河南，食十万户？君何亲于秦，号称仲父？其与家属徙处蜀！"（《史记·吕不韦列传》）

这与前"为其奉先王功大"之说，大相径庭。如此矛盾，原因何在？无非是政治斗争的需要。秦王政亲政以后，他要大权独揽，何能容下吕不韦在他面前为相、为仲父？从这里可以看出，秦王政欲置吕不韦于死地而后快。吕不韦在秦为相十余载，宾客门下数千人。嫪毐事败后，秦王政欲诛相国，即有众多宾客辩士为其奔走说情。可见吕不韦在秦国有很大的影响。秦王政把这些看在眼里，怕在心里。当"诸侯宾客使者相望于道，请文信侯"的时候，其恐惧自然加剧，所以才有上述颠倒黑白的逼命书信。吕不韦回到河南封地后，或许还存有一丝侥幸，希望有朝一日重返咸阳，效忠国家。但这封书信，彻底打碎了他的幻想，他便饮鸩而死。

吕不韦为秦国建立了卓著的功绩，对秦国竭忠尽智，一心一意辅佐庄襄王及年幼的秦王政，即使在遭受冤屈逐出京城时，也没有背离秦国的意念。"诸侯宾客使者相望于道，请文信侯"之时，他也丝毫没有动心。在秦王政迫其迁蜀时，他只好以死明志。

《史记》谓吕不韦牵连嫪毐事而被废黜，实则不然，这只是一个借口。吕不韦与嫪毐什么关系？《吕不韦列传》说是吕不韦举荐给太后，供其淫乱的。按《战国策》记载，吕不韦与嫪毐分别为不同的利益集团，二者存在很大的矛盾。《战国策·魏策四》记载：秦国攻打魏国，有人向魏王献策，让魏王利用嫪毐与吕不韦的矛盾，强化嫪毐，打压吕不韦，使天下弃吕氏而从嫪氏，得报吕氏攻魏之怨。由此可以看出，吕不韦跟嫪毐并非一路①。即如《史记·秦始皇本纪》所言"事无小大皆决于毐"，《吕不韦列传》亦云："事皆决于嫪毐。"吕不韦当政，而事皆决于嫪毐，这不正是与相

---

① 有人以为嫪毐为邯郸人，随赵姬而来秦国，并不关吕不韦事。见马非百《秦集史》"嫪毐"条。

国争权吗？嫪毐事败主要是因为其作乱谋反。《秦始皇本纪》说："长信侯毐作乱而觉，矫王御玺及太后玺以发县卒及卫卒、官骑、戎翟君公、舍人，将欲攻蕲年宫为乱。王知之，命相国昌平君、昌文君发卒攻毐。……毐等败走，即令国中：有生得毐，赐钱百万；杀之，五十万。尽得毐等。"《吕不韦列传》所谓"有告嫪毐非宦者，常与太后私乱"，"秦王下吏治，具得情实，事连相国吕不韦。九月，夷嫪毐三族"。"其舍人皆没其家而迁之蜀"。太后与人淫乱事，在秦国并非仅见，宣太后与戎王淫乱，死后还想要男嬖魏丑夫殉葬。秦王政恐并非看重嫪毐与太后之淫，因找不到吕不韦与嫪毐谋反有牵连的蛛丝马迹，只能以此为借口除掉吕不韦。

吕不韦死后，其舍人窃葬之。《史记·秦始皇本纪》说："十二年，文信侯不韦死，窃葬。"司马贞索隐："其宾客数千人窃共葬于洛阳北芒山。"可见，吕不韦在当时还有相当大的势力。秦王政对这种力量十分惧怕，继续对其宾客舍人进行打压。"其舍人临者，晋人也逐出之；秦人六百石以上夺爵，迁；五百石以下不临，迁，勿夺爵"（《秦始皇本纪》）。三晋人逐出秦国，秦国人迁移至偏远之房陵。以此削除吕不韦在秦国的影响。

八、《史记》对吕不韦的评价

《史记·吕不韦列传》《秦始皇本纪》及《太史公自序》都讲到吕不韦和其所主持的《吕氏春秋》，它对吕不韦和《吕氏春秋》的看法存在很大的不一致性。

司马迁对《吕氏春秋》所持立场基本是正面的。"吕不韦乃使其客人人著所闻，集论以为八览、六论、十二纪，二十余万言。以为备天地万物古今之事，号曰《吕氏春秋》"（《史记·吕不韦列传》）。"西伯拘羑里，演《周易》；孔子厄陈蔡，作《春秋》；屈原放逐，著《离骚》；左丘失明，厥有《国语》；孙子膑脚，而论兵法；不韦迁蜀，世传《吕览》；韩非囚秦，《说难》《孤愤》；《诗》三百篇，大抵贤圣发愤之所为作也"（《史记·太史公自序》）。这里认为《吕氏春秋》"备天地万物古今之事"，自然是很高的评价。又将其与文王演《周易》，仲尼作《春秋》，屈原著《离骚》等并列，更是将《吕氏春秋》推上一个极高的层次。

　　但司马迁对吕不韦其人，似乎负面较多。在《吕不韦列传》末的"太史公曰"中，他将吕不韦说成孔子所谓的"闻人"。他说："孔子之所谓'闻者'，其吕子乎！"（裴骃集解："《论语》曰：'夫闻也者，色取仁而行违，居之不疑，在邦必闻，在家必闻。'马融曰：'此言佞人也。'"集解所引见《论语·颜渊》）。这个评价，与其在本《传》中所渲染的吕不韦与赵姬有身后献给子楚（即庄襄王），后又与太后（即赵姬）私通，并献大阴人嫪毐与太后等这一系列的行为是一致的，大大玷污了吕不韦的为人。

　　司马迁对《吕氏春秋》和吕不韦矛盾的评价，影响了后世人们对《吕氏春秋》和吕不韦的认识与评价，以致有人将吕不韦与《吕氏春秋》区隔，否定吕不韦与《吕氏春秋》的关系。我们可以说，后世人对吕不韦厌恶和鄙视，将《吕氏春秋》与吕不韦割裂，司马迁是始作俑者。

第二节　《吕氏春秋》的成书

一、《吕氏春秋》的作者

　　《吕氏春秋》的作者是谁，如何界定吕不韦与诸宾客的关系？一直是一个有争议的问题。司马迁在《史记·吕不韦列传》中说："吕不韦乃使其客人人著所闻，集论以为八览、六论、十二纪，二十余万言。以为备天地万物古今之事，号曰《吕氏春秋》。"《汉书·艺文志》说："《吕氏春秋》二十六篇。秦相吕不韦辑智略士作。"从这里可以清楚地知道，《吕氏春秋》是吕不韦召集有才识的宾客所为。既然是吕不韦召集大家作，总得有一个拿主意的人来主持这件事，否则一盘散沙，怎么能写成这么一部大书？这个拿主意的人，应该就是吕不韦。也就是说，《吕氏春秋》是在吕不韦主持下，由诸多有才识的宾客集体完成。缪钺在《〈吕氏春秋〉撰著考》中推测《吕氏春秋》的撰写过程说："必先有一度或几度的会商"，"会商之后，不但拟定篇目，排列次序，即诸篇要旨，亦必商定，写出提纲。然后分与撰著之人，本此纲领撰写"，"撰成之后，必尚有一二人总其成，略加删定"。缪氏推测很是细致，这大概就是一般集体撰著的程序。制定纲领的人恐怕应该就是吕不韦了，甚或总其成者，亦有吕不韦在内。

《吕氏春秋》的作者，历代正史及某些私家著述，或径直书秦相吕不韦撰。《隋书·经籍志》："《吕氏春秋》二十六卷，秦相吕不韦撰。高诱注。"《旧唐书·经籍志》："《吕氏春秋》二十六卷，吕不韦撰。"《新唐书·艺文志》："《吕氏春秋》二十六卷，吕不韦撰，高诱注。"《宋史·艺文志》："吕不韦《吕氏春秋》二十六卷，高诱注。"晁公武《郡斋读书志》："《吕氏春秋》二十六卷，秦吕不韦撰，后汉高诱注。"郑樵《通志·艺文略》："《吕氏春秋》二十六卷，秦相吕不韦撰，高诱注。"而不去关注吕不韦和宾客与《吕氏春秋》的关系。

宋代起，有些人受司马迁对吕不韦为人的记述的影响，开始区隔吕不韦与《吕氏春秋》的关系，南宋韩彦直在看到《吕氏春秋》时甚为赞赏，亦为其惋惜，故为之作序，黄震在《黄氏日钞》中引述到："《吕氏春秋》言天地万物之故，其书最为近古，今独无传焉，岂不以吕不韦而因废其书邪？愈久无传，恐天下无有识此书者，于是序而传之。"韩彦直叹息因吕不韦而废《吕氏春秋》。清人卢文弨《抱经堂文集》也说："世儒以不韦故，几欲弃绝此书。"黄震为避免"因人废言"，认为吕不韦与《吕氏春秋》没有关系。《黄氏日钞》说："今其书不得与诸子争衡者，徒以不韦病也，然不知不韦固无与焉者也。"卢文弨亦认为《吕氏春秋》与吕不韦没有关系，他说："然书于不韦固无与焉。"明方孝孺认为书是宾客所作，吕不韦"特以宾客之书显其名于后世"（《逊志斋集·读吕氏春秋》），但他认为《吕氏春秋》仍有可取之处，他说："然其书诚有足取者。"（同上）

宋代以后乃至清代，有相当一部分人，觉得吕不韦是《吕氏春秋》的主要参与者，而认为《吕氏春秋》无可取之处。这从韩彦直的"因吕不韦而废其书"的慨叹，以及黄震、卢文弨等强调吕不韦与《吕氏春秋》没有关系中，可以看得出来。

司马迁的《吕不韦列传》对吕不韦和《吕氏春秋》的两面写法，是后世意见分歧的根源。

二、《吕氏春秋》成书的背景和目的

吕不韦为什么召集宾客撰写《吕氏春秋》，是在什么背景下撰写的？司马迁在《吕不韦列传》中说："当是时，魏有信陵君，楚有春申君，赵有平原君，齐有孟尝君，皆下士喜宾客以相倾。吕不韦以秦之强，羞不如，亦招致士，厚遇之，至食客三千人。是时诸侯多辩士，如荀卿之徒，著书布天下。吕不韦乃使其客人人著所闻，集论以为八览、六论、十二纪，二十余万言，以为备天地万物古今之事，号曰《吕氏春秋》。"司马迁以为吕不韦召集宾客撰写《吕氏春秋》是为与六国四公子争胜，仿效荀卿著书，这可能是吕不韦撰写《吕氏春秋》的原因之一，但这不应该是主要原因。

战国时期，诸侯国战争频仍，皆欲兼并他国而一统天下。与此相应，各派思想竞相出现，形成百家争鸣的局面。各个学派都试图用自家的主张和理论影响各国的君主，而各国君主，并不能接受学者的意见，因此，各派的主张只限定在学术争鸣的范围内。吕不韦与各派学者完全不同，他在秦国，居宰相之位，有仲父之尊，握有天下最大的权力，他不用顾及他人之意，可以尽情倾诉自己的主张，编织自己的治国蓝图。他编纂《吕氏春秋》与四公子及荀卿著书，情节上是完全不同的。

我们看看吕不韦所处的政治形势。当时，秦国已经足够强大，仍在不断向外扩充势力，吕不韦亲手灭掉了东周，这一具有象征意义的周天子已不复存在。"今周室既灭，而天子已绝，乱莫大于无天子"（《谨听》），秦国应该承担起治理天下的重担。此时六国诸侯经过互相之间的数次战争以及与秦国的战争，越发衰弱，只有秦国有力量统一天下，秦国统一天下已是大势所趋，六国诸侯已无力阻挡这一历史潮流。吕不韦清楚地认识到这一形势，并且凭着他政治家的敏感，感到秦国统一天下已经不是很困难的事了，而保持住天下才是真正困难的事。他说："胜非其难者也，持之其难者也。"（《慎大》）作为相国的吕不韦，他必须考虑统一后的秦国如何治理？实行什么政策才能使秦国长治久安？吕不韦不同意用自秦孝公以来几乎处于独尊地位的法家思想作为治国的基本国策，他已经看到在这个问题上与秦王政存在严重的分歧，甚至对立。他必须提出自己的理论，作为统一的秦帝国的治国纲领，并以此影响秦王政。这一部《吕氏春秋》

就是他为秦帝国维持长治久安所提出的治国方略。他曾公开宣示自己的主张，将《吕氏春秋》"布咸阳市门，悬千金其上，延诸侯游士宾客有能增损一字者予千金"（《史记·吕不韦列传》）。吕不韦企图以相国之位，仲父之尊，迫使秦王政完全依照自己的主张行事，使自己的主张定于一尊，从而维持秦国的长治久安，也维持他自己的权势地位。如果说战国时期百家并起是与诸侯纷争的政治形势相适应的，那么，《吕氏春秋》的出现，也正是适应秦国统一天下的需要的。

三、《吕氏春秋》成书的时间

关于《吕氏春秋》的成书时间，有很多说法，涉及两个问题，一，《吕氏春秋》是一次成书，还是两次或多次成书；二，如果是一次成书，具体成书时间是什么时候。

《史记·吕不韦列传》说："吕不韦乃使其客人人著所闻，集论以为八览、六论、十二纪，二十余万言。以为备天地万物古今之事，号曰《吕氏春秋》。"在《太史公自序》中又说："不韦迁蜀，世传《吕览》。"有些自相矛盾。后世人由此产生一些联想，认为《吕氏春秋》是两次或陆续完成的。陈奇猷作《吕氏春秋校释》，其附录中收录了他之前写的一篇文章《〈吕氏春秋〉成书的年代与书名的确立》，他说："据我分析，十二纪确系成于秦八年即始皇六年，而八览、六论则成于迁蜀之后。司马迁的话没有错。"陈氏的结论很肯定，但并没有提出什么可信的证据，而只是替司马迁打圆场。他的理由是："司马迁是良史之材，所著的《史记》被称为实录，其所记载，当有所根据。"这个理由太苍白无力了。完全得不出他的结论。姑且不论司马迁所著是否皆为实录，只就"不韦迁蜀，世传《吕览》"而论，司马迁此言是在给任少卿的信中的一句话，"文王拘而演《周易》；

仲尼厄而作《春秋》；屈原放逐，乃赋《离骚》；左丘失明，厥有《国语》；孙子膑脚，《兵法》修列；不韦迁蜀，世传《吕览》；韩非囚秦，《说难》《孤愤》。《诗》三百篇，大底圣贤发愤之所为作也"（《报任少卿书》）。他列举了数位圣贤人物，都是在逆境中有所作为，司马迁此语意在励志，而非实指，不可当真。吕不韦并没有迁蜀，岂得言"不韦迁蜀，世传《吕览》"是实录呢？

除了陈奇猷，还有人持非一次完成的看法。王利器在他的《吕氏春秋注疏》的序中多次反复说："余以为《六论》《十二纪》为吕氏原书，故《序意》篇在《十二纪》之末，若《八览》则由吕氏宾客所著之续书也。"又说："余以为《吕氏春秋》一书，当分为两部分去读，前者，《六论》《十二纪》为吕氏原著，此吕不韦之帝王策也①；后者，《八览》为续书，乃吕氏宾客于不韦既死之后所著之过秦论也。"他认为，《六论》《十二纪》是吕不韦在世时完成，而《八览》是吕不韦死后由其宾客续写。这里，王氏没有说《八览》是"不韦迁蜀"后完成，只说是其宾客续写。因为他知道不韦没有迁蜀，司马迁的"不韦迁蜀，世传《吕览》"，是因司马迁意有所郁结而发之说也。他认为《八览》是续写的理由是，《八览》中多有反秦的言论，不可能写于吕不韦在世之时。这个看法，更是出于主观臆测。文献没有一处有类似的记载。且吕不韦死后，他的宾客都受到秦王政的严酷惩处，岂有条件和精力去续写吕不韦没有完成的书呢？王氏的观点很新颖，但新颖并不可取。因为没有证据。

有人因《吕氏春秋·安死》的一句话，而认为《吕氏春秋》的某些篇

---

① 王氏认为《吕氏春秋》三部分，《六论》居首，其次是《十二纪》，最后是《八览》。续书说与他这个看法有关，下文会讨论到。

章或完成于秦灭六国亦即秦统一天下之后。《安死》说："以耳目所闻见，齐、荆、燕尝亡矣，宋、中山已亡矣，赵、魏、韩皆亡矣，是皆故国矣。"钱穆在《吕不韦著述考》中说："然考始皇七八年间，三晋皆无恙。韩最先亡，在始皇十七年，已在不韦卒后五年。赵以王迁之虏为亡，则在韩亡后两年。魏最后，其亡亦在始皇二十二年，去不韦卒已十年。然则《吕氏春秋》书之成，其最后岂在始皇之二十二年乎？是年燕蓟亦拔，越三年，楚亡，又越两年，齐亡，皆《安死》作时所未及也。《史记》谓不韦迁蜀而著《吕览》，然则《吕氏春秋》书确有成于迁蜀之后，并有成于不韦身后者。"其后，徐复观《两汉思想史》亦附和之，他说："《吕氏春秋》的初稿成于秦政八年，但其补缀之功，直到秦政统一天下之后。卷十《安死》：'以耳目所闻见，齐、荆、燕尝亡矣，宋、中山已亡矣，赵、魏、韩皆亡矣，是皆故国矣。'这分明是秦政二十六年以后所写的。"这里"赵、魏、韩皆亡矣"是问题的关键。而"亡"字的意义如何理解是关键的关键。认为《吕氏春秋》成于始皇二十二年后或秦统一天下后，皆以三晋灭亡为据，然此处的"亡"，是不是灭亡的意思呢？陈奇猷认为此"亡"字"乃国势乱弱，大权旁落，人主不能行制之谓"。陈氏说："《韩非子·有度》云：'荆庄王之氓社稷也，而荆以亡；齐桓公之氓社稷也，而齐以亡；燕襄王之氓社稷也，而燕以亡；魏安釐王死而魏以亡；今皆亡国者，其群臣官吏皆务所以乱，而不务所以治也。'韩非未及见荆、齐、燕、魏之灭亡，而谓荆、齐、燕、魏皆亡国者，以其群臣官吏皆务所以乱而不务所以治，故谓之亡国。又《孤愤》云：'人所谓齐亡者，非地与城亡也，吕氏弗制而田氏用之；所谓晋亡者，亦非地与城亡也，姬氏弗制而六卿专之也。'……《荀子·君道》亦云：'孤独而晻谓之危，国虽若存，古之人曰亡矣。'是亡谓国势乱弱，大权旁落，人主不能行其制，古有此义。本书《慎大》'齐、荆、吴、越皆尝胜矣，而卒取亡'，尤为本书'亡'用为国势乱弱，大权旁落，人主不能行其制之义之明证。"（陈奇猷《吕氏春秋新校释·安死》注十四）陈氏的理解应该是正确的，可取的。"亡"的本义是逃亡，出奔，《说文》："亡，逃也。"段玉裁注："亡之本义为逃。"引申为失，失去，陈氏所谓大权旁落，亦即君主失去权力，是为亡。又引申为乱，《淮南子·说林》："骊戎以美女亡晋国。"高诱注："亡，犹乱也。"又引申为人死国灭。我们不能一看到"亡"字就只知道"灭亡"，从而作出错误的判断。刘晓东《战国中晚期子家著作中的"亡国"义训》（见《管子学刊》2005年4期）一文，阐述战国时期"亡"的含义，对理解《安死》的文义很有帮助，值得一读。

由此可以认为《吕氏春秋》是一次完成，而非两次或多次完成。

《吕氏春秋》完成于何时？司马迁在《史记·吕不韦列传》中说："吕不韦乃使其客人人著所闻，集论以为八览、六论、十二纪，二十余万言，以为备天地万物古今之事，号曰《吕氏春秋》。布咸阳市门，悬千金其上，延诸侯游士宾客有能增损一字者予千金。"司马迁没有具体指明在哪一年，大体应该在秦王政即位之后。《吕氏春秋·序意》说的最为清楚明白，它说："维秦八年，岁在涒滩，秋甲子朔。朔之日，良人请问十二纪，文信侯曰……"高诱注："八年，秦始皇即位八年也。岁在申名涒滩。"《吕氏春秋》成书于秦王政八年，本来应该已经没有什么问题了。宋代东莱吕氏云："不韦《春秋》，成于始皇八年，按《吕氏春秋》'维秦八年，岁在涒滩，秋甲子朔。朔之日，良人请问十二纪'，此其成书之岁月也。"（转引自王应麟《汉书艺文志考证·杂类》）宋人王应麟发现某些书纪年谓"秦始皇八年为壬戌"，他仍不怀疑吕不韦有误，他在《汉书艺文志考证·杂类》中说："涒滩者，申也。《通鉴》《皇极经世》'始皇八年，岁在壬戌'，后《吕氏春秋》二年。不韦当时人，必不误。盖后世算历者之差也。"

到了清代，人们对于"维秦八年，岁在涒滩"产生了疑问和争议。高诱注说"八年，即秦始皇即位八年"。按照后人历法推算，秦始皇八年与"岁在涒滩"不合，所以产生种种说法以弥合。首先"秦八年"是以什么纪年？高诱认为，是以秦始皇即位为元年。也有人认为，是以庄襄王灭东周的次年为元年，他们认为秦灭东周，即水德取代火德，当以次年为秦纪元。秦八年，就是秦王政即位的第六年。清人孙星衍即持此论，他认为秦灭东周次年为癸丑，八年则是庚申（即秦王政六年），正与"岁在涒滩"相合。此说恐难成立，古代纪年，皆以君主即位时开始，一部《春秋左传》足以为明证。未见以所谓立国纪年者，清人的各种解释，皆似是而非，以推测谋合己意。郭沫若首先批评了这种观点，他说："'维秦八年'自然就是秦始皇八年，先秦列国纪年，在金文中每每有这样的例子。……前人不明此例，又以涒滩之岁与后世甲子纪年之逆推不合，遂多立异说。"（《吕不韦与秦王政的批判》）

王念孙不认为纪年从秦灭东周次年开始，他认为"秦八年"当是"秦六年"，他在《读书杂志》中采用许周生说，认为"八"当是"六"字残坏[①]，秦王政即位六年是为申年，与"岁在涒滩"合。此说与孙说角度不同，但结论一致，都认为是秦始皇即位第六年。他们之所以认为"秦八年"是秦王政六年，就是因为这年是申年，与"岁在涒滩"相合。秦王政六年（前241）为庚申，是后人推算的结果，是否与实际相符？郭沫若说得很清楚，

---

① 见许维遹《吕氏春秋集释》引张文虎《舒艺室随笔》。今传本《读书杂志》无。

他说："古人太岁纪年乃依实际天象而得，与后世甲子并不一贯。"（《吕不韦与秦王政的批判》）实际天象又是什么呢？据清人钱大昕、钱塘考察，岁星运行一段时间后有一定的误差，即所谓"超辰"。钱大昕说："予谓吕不韦以秦相国纪秦年，所用即秦历也，而以今法上推，有两辰之差者。古术太岁与岁星皆百四十四年而超一辰，自周迄秦汉皆然。"（《十驾斋养新余录·春秋十二公纪年》）现代研究天文学史的学者根据新近发现的帛书、简书证明秦昭王至秦始皇统一六国前后所用是颛顼历，与汉初所用历法不同，证明钱大昕等的说法是正确的。

《序意》篇还有一句话很重要，它说："秋甲子朔。"据今人考察，秦王政八年（前239）秋七月朔日正是甲子。张培瑜等《中国古代历法》说："秦王政八年（前239）入颛顼历癸巳蔀52年，推得秋七月为甲子朔小余143。"这足以证明高诱"秦八年"就是秦王政八年。

《吕氏春秋》一次性成书于秦王政八年，即公元前239年，应该是没有什么问题的。

四、《吕氏春秋》的书名、字数和独特的发布方式

《吕氏春秋》的书名，司马迁在《史记》中说得很清楚明白，《吕不韦列传》云："吕不韦乃使其客人人著所闻，集论以为八览、六论、十二纪，二十余万言，以为备天地万物古今之事，号曰《吕氏春秋》。"《十二诸侯年表》云："吕不韦者，秦庄襄王相，亦上观尚古，删拾《春秋》，集六国时事，以为八览、六论、十二纪，为《吕氏春秋》。"此书冠以"吕氏"，是因为吕不韦召集、主持，名曰"春秋"，是其"备天地万物古今之事"，"上观尚古，删拾《春秋》，集六国时事"。《十二诸侯年表》将《吕氏春秋》与《左氏春秋》《虞氏春秋》等相提并论，"鲁君子左丘明惧弟子人人异端，各安其意，失其真，故因孔子史记具论其语，成《左氏春秋》。……赵孝成王时，其相虞卿上采《春秋》，下观近势，亦著八篇，为《虞氏春秋》。"司马迁是将《吕氏春秋》作史书看待的。冯友兰在《吕氏春秋集释序》中说："此书不名曰《吕子》，而名曰《吕氏春秋》，盖文信侯本自以其书为史也。《史记》谓吕不韦以其书为备天地万物古今之事，号曰《吕氏春秋》，亦以为吕不韦以其书为史耳。《史记·十二诸侯年表叙》以《吕氏春秋》与《左氏春秋》《虞氏春秋》并列，是史公亦以此书为史也。"郑玄《礼记·礼运》注云："吕氏说月令而谓之'春秋'，事类相近焉。"孔颖达疏："吕不韦说十二月之令而谓之《吕氏春秋》，事之伦类，与孔子所修《春秋》相附近焉。月令亦载天地阴阳四时日月星辰五行礼义之属，故云相近也。"然《吕氏春秋》与《左氏春秋》的编年史不同，而秉承了《虞氏春秋》《晏子春秋》的做法，将史实融于所论述的专题之中。它与一般史书不同还在于，它不只以史为鉴，更在于规划未来，提出自己的主张。它的论述方式，更接近《孟子》《庄子》等子书的规制，所以《汉书·艺文志》将其归入诸子部杂家类，是完全恰当的。

有人根据司马迁"不韦迁蜀，世传《吕览》"，而认为《吕氏春秋》只指十二纪而言，八览、六论后成，又称《吕览》；还有人根据唐人有称《吕论》者，而说《吕览》成于迁蜀后，之前所成《六论》《十二纪》，是为《吕论》，且《六论》居于前，乃吕书之本。这些议论，完全站不住脚，前文已经论及，后文还有论述。《吕览》《吕论》之称，皆取全书之一部分代指全体，并非全书之名为是也。前文已述历代载籍及传世版本皆谓之《吕氏春秋》，足为明证。

对于《吕氏春秋》的字数，尚存在分歧。首先《史记·吕不韦列传》

说"集论以为八览、六论、十二纪，二十余万言"，而《文选·报任少卿书》李善注引《史记》云："集论为八览、十二纪，三十余万言。"第二，元明各本及毕沅本《吕氏春秋》高诱序云："为十二纪、八览、六论、训解各十余万言。"许维遹《吕氏春秋集释》删"训解"二字，改"各"为"合"，作"为十二纪、八览、六论，合十余万言"。陈奇猷《吕氏春秋校释》等从之。余早年曾作《吕氏春秋译注》和《吕氏春秋索引》，《吕氏春秋》原文以毕校本为底本，参照元明各本进行校订，统计其数字，为十万零二百一十一字，毕校本为十万零二百三十四字。余删毕校本《审分览·不二》毕所补"此十人者皆天下之豪士也"十一字，《恃君览·观表》毕所补"若赵之王良，秦之伯乐、九方堙，尤尽其妙矣"十七字，它处亦有个别删减，如《孝行览·本味》"马之美"等。也有的地方据各家校说有所增补，如《适音》补"观其俗而知其政矣"八字。元明及毕校本高序"训解"二字不当有，是显而易见的，"各"当为"合"，许氏《集释》所改是正确的。《史记》所云"二十余万言"，或是司马公误记，或是传写讹误。李善所引《史记》"三十余万言"，更是错误，其引只有"八览、十二纪"，而缺"六论"，可见其粗疏。考今本《吕氏春秋》结构完整，每篇字数均等，除个别篇目，不见有大的缺损，应当与原本出入不大。

　　先秦的文献，不论是经书，还是诸子书，皆不曾有什么发布方式。很多子书是在某子去世后由其弟子记录编辑而成，如《论语》，即孔子的弟子记录孔子的言行而成。《孟子》是孟轲与其弟子共同纂集成书。《庄子》更是由其后学最后集结而成。这些书成之后，即在社会上流传，没有正规的发布。还有些书是散篇流传出去，如韩非的某些文章《孤愤》《五蠹》传到秦国，被始皇见到，便设法召韩非赴秦而最终完成其书。《吕氏春秋》

则是事先统一规划，统一编排，成书之后，吕不韦将其布咸阳城门，扬言有能增损一字者予千金。这种独特的发布方式，自有其政治目的，但确是空前的，前所未有的方式。

第二章　《吕氏春秋》的结构体系

《吕氏春秋》是一部结构体系十分完备的著作，这在先秦著作中是绝无仅有的。冯友兰说它"此在当时，盖为创举"①。

第一节　《吕氏春秋》的总体结构

《吕氏春秋》的结构体系是经过精心设计、精心安排的，自成一个完整的系统。全书分为三个部分：纪、览、论。《纪》按春夏秋冬十二个月分为十二纪，如春分三纪，孟春、仲春、季春。每纪包括五篇文章，总共六十篇。《览》按照内容分为八览，每览八篇，八八六十四篇（第一览《有始览》缺一篇，现有六十三篇）。每览的名称即此览首篇之名，如《有始览》首篇为《有始》。《论》也是按内容分为六论，每论六篇，六六三十六篇。每论的名称亦即此论首篇的名称，如《开春论》首篇为《开春》。十二纪后有《序意》一篇，总计一百六十篇，十万余言。

《吕氏春秋》十二纪、八览、六论三个部分，三者的前后次序如何？司马迁《史记·吕不韦列传》说："吕不韦乃使其客人人著所闻，集论以

---

① 见冯友兰《许维遹〈吕氏春秋集释〉序》。

为八览、六论、十二纪，二十余万言。以为备天地万物古今之事，号曰《吕氏春秋》。"《八览》在前，《十二诸侯年表》亦是《八览》在前。高诱《吕氏春秋序》说："不韦乃集儒书（当为士），使著其所闻，为十二纪、八览、六论，合十余万言，备天地万物古今之事，名为《吕氏春秋》。"此《十二纪》居前。到底是《八览》居前，还是《十二纪》居前？

对于这个问题，元、明以前没有引起人们的关注，人们自然以高诱所言为是。到了清代乾隆年间，有人提出这个问题。毕沅《吕氏春秋新校正》引梁玉绳云："《史记·十二诸侯年表序》及《吕不韦传》并云：'著八览、六论、十二纪'，以纪居末，故世称《吕览》，举其居首者言之。今《吕氏春秋》以十二纪为首，似非本书次序。"但后来他作《吕子校补》完全放弃了这个看法。他说："此余初校妄说也。……纪当居首，八览、六论乃其附见者。"尽管梁玉绳放弃了自己的观点，但后世却有人重新讨论起来。

杨树达作《读吕氏春秋书后》，认为今本十二纪居首者，乃后人改窜，当如史公所言，《八览》居首。杨氏举出五条理由，一是《史记》次序为八览、六论、十二纪；二是《报任安书》称《吕览》，可证《八览》居首；三是《八览》首篇为《有始览》，首称"天地有始"，与《春秋》称"元"，《尔雅》称"始"相类；四是《序意》在《十二纪》之后，可证《十二纪》居末；五是《六论》首篇为《开春》，末为《审时》，正与《十二纪》相接。杨氏之后，也有人提出相同的看法。郭沫若从《序意》在《十二纪》之后，断言《十二纪》当在全书之末。他说："古人著书，序文照例在书后，《序意》虽在《十二纪》之后，但就全书看来，《十二纪》应该依着《史记》的序列，是在《八览》《六论》之后的。"（《吕不韦与秦王政的批判》）至于何时产生了次序的更改？杨树达、牟钟鉴等认为在汉代，在高诱训解之前。

杨氏说："自汉人取十二纪为《月令》，小戴氏采之以为《礼记》，而《小戴记》在后世列于经典，《十二纪》之先置，其殆由后世儒生尊经之故乎？"（《读吕氏春秋书后》，见《积微居金石论丛》，科学出版社，1955 年，第 245 页）牟氏则说："自董仲舒以后，儒家与阴阳五行相糅合的思潮逐渐占了上风，……在东汉，此风最盛，在这些人看来，《吕氏春秋》最有价值的部分是十二纪，十二纪最有价值的部分是各纪的纪首，于是《十二纪》就在这强烈的偏爱气氛中被提到全书之首了。"（《〈吕氏春秋〉与〈淮南子〉思想研究》）

很多学者不同意上述看法，认为今通行本《吕氏春秋》十二纪、八览、六论的次序是正确的，就是吕书的原貌，并不曾被改动。首先是毕沅《新校正》在引用梁玉绳的意见之后所加的按语，毕沅说："以十二纪居首，此'春秋'之所由名也。《汉书·艺文志》'杂家'载'《吕氏春秋》二十六篇'，不称《吕览》；郑康成注《礼记·礼运》'故圣人作则必以天地为本'一节云：'天地以至于五行，其制作所取象也，礼义人情，其政治也；四灵者，其征报也。此则"春秋"始于元，终于麟包之矣。吕氏说月令而谓之"春秋"，事类相近焉。'正义疏之云：'吕不韦说十二月之令而谓之《吕氏春秋》，事之伦类，与孔子所修《春秋》相附近焉。《月令》亦载天地阴阳四时日月星辰五行礼义之属，故云相近也。'据此，则自汉以来，皆以《吕氏春秋》为正名，至于行文之便，则有不拘也。"（《吕氏春秋新校正》，见《子藏·吕氏春秋卷》14 册 393 页）毕沅以为《吕览》之称，乃行文之便，非《吕氏春秋》亦名《吕览》。王范之亦认为今本十二纪居前的编次，当是古本旧式。他说："今十二纪《季冬纪》末有《序意》一篇，居于八览、六论之前，处于整个书的中间部分。按古人著书体例，序言都在末尾，没见有将序言放在书中的。因此，有些人认为司马迁所说八览、六论、十二纪的顺序，是按照《吕氏春秋》编次称的。固然，古书序言是在书的末尾，今十二纪后系以序言，显然不合古人著书体例，但也不可因此便认为十二纪就在八览、六论后面。司马迁的称说是否按照编次，甚有问题，恐或出于行文的方便，亦未可知。另外，《序意》说：'良人请问十二纪。文信侯曰：尝得学黄帝之所以诲颛顼矣，爰有大圜在上，大矩在下，汝能法之，为民父母。'这番话，正是吕不韦对编书体例的说明。十二纪显然指四时的运行，表示'大圜'的天，自然应该列在前面，八览、六论就该是表示'大矩'的地，自然列在后面，此其一。《序意》应当是全书的总结，一开始就说十二纪云云，显然十二纪在前，此其二。六论颇无连贯，类杂说，既是杂说，那就正该次居之末了。此其三。我认为，今书的编次，当为古本旧式。"（王范之《吕氏春秋选注·绪论》）

毕沅、王范之之说应该是对的。从《吕氏春秋》全书内容看，十二纪构筑了君主执政的蓝图，是全书最重要的部分，八览具体阐述为君、为臣之道，六论则属于补充说明。从《吕氏春秋》名"春秋"看，郑玄、孔颖达说得很清楚，即就十二纪言之。至于古书体例序言是否皆在末尾，亦可讨论。观汉代诸书，《淮南》之《要略》，《史记》之《太史公自序》，《论衡》之《自纪》，《汉书》之《叙传》，果真如是。然考先秦诸书，果如何？先秦诸书似皆无所谓自作序文之类。《易》《书》《诗》以及"三礼""三传"，《论语》《孟子》《老子》《孙子》《荀子》《韩非子》等等，皆无后置之序言，惟《庄子·天下》似可算作《庄子》之序文，置于全书之末。然《天下》作于何时？颇多争议。一般认为是庄子后学所作。其内容多为总结诸子之优劣，亦并非总结阐述《庄子》全书之旨，与汉代诸书后序不同。

《吕氏春秋》之《序意》当是真正意义的序言，是否只述及编者认为最重要的十二纪，而置于十二纪之后，而后又有它篇残简错入，成为如今形式，亦未可知。所以不必总在序言后置在什么位置上纠缠。

《吕氏春秋》纪、览、论位置的讨论，近年又有王利器的新说，他在《吕氏春秋注疏》中说，《吕氏春秋》当以《六论》居首，次序为六论、十二纪、八览。他的理由是，一、秦人崇尚数字"六"，故以《六论》居首；二、唐人也有称《吕氏春秋》为《吕论》者，即以居首者称之。此一说法甚为新颖，但未免过于标新立异，而缺乏像样的证据。先师王了一（力）先生批评俞樾追求新颖可喜是"新颖但不可喜"，王氏之说亦或如之。

《吕氏春秋》纪、览、论三部分各成系统，十二纪是全书思想的主旨和纲领；八览是进一步阐述吕氏的思想，而且着重于君道和治术方面；六论则有点像杂篇的性质了，主要是补充《纪》《览》的主旨思想。《序意》说：

> 良人请问十二纪，文信侯曰：尝得学黄帝之所以诲颛顼矣，"爰有大圜在上，大矩在下，汝能法之，为民父母。"盖闻古之清世，是法天地。凡十二纪者，所以纪治乱存亡也，所以知寿夭吉凶也。上揆之天，下验之地，中审之人，若此则是非可不可无所遁矣。
>
> 天曰顺，顺维生；地曰固，固维宁；人曰信，信维听。三者咸当，无为而行。

这里讲到十二纪的主旨，也就是全书的主旨。它要求君主要法天地，这是古代清平盛世的一贯做法，只有这样才能成为人民的父母，得到人民的拥戴。要法天地，就要"上揆之天，下验之地，中审之人"，这样就不会有所过失；就要处理好天、地、人三者的关系，这样就可以做到无为而行了。"法天地、无为而行"是吕不韦对即将统一天下的秦帝国的天子提出的最基本的要求，也是为统一的秦帝国制定的最基本的原则。

胡适《读吕氏春秋》认为，"天曰顺，顺维生；地曰固，固维宁；人曰信，信维听"是《吕氏春秋》的三大纲，《吕氏春秋》的总体结构就是按此顺序安排的。

第二节 《十二纪》的结构体系

《十二纪》是全书的纲领。十二纪按一年春夏秋冬四时，每时分孟、仲、季三个月，每月为一纪的次序排列。每纪纪首为月令，其下各辖四篇文章，共六十篇。十二纪纪首各篇，被汉人集为一篇，名曰《月令》，后入于《小戴礼记》。郑玄在《目录》中说："名曰《月令》者，以其记十二月政之所行也，本《吕氏春秋》十二月纪之首章也，以礼家好事抄合之，后人因题之名曰《礼记》。言周公所作，其中官名时事多不合周法。此于《别录》属《明堂阴阳记》。"孔颖达同意郑玄的意见。他在《月令疏》中说："吕不韦集诸儒士著为《十二月纪》，合十余万言，名为《吕氏春秋》，篇首皆有月令，与此文同，是一证也；又周无太尉，唯秦官有太尉，而此《月令》云'乃命太尉'，此是官名不合周法，二证也；又秦以十月建亥为岁首，而《月令》云'为来岁授朔日'，即是九月为岁终，十月为授朔，此是时不合周法，三证也；又周有六冕，郊天迎气则用大裘，乘玉辂，建大常日月之章，而《月令》服饰车旗并依时色，此是事不合周法，四证也。故郑云'其中官名时事多不合周法'。"①《淮南子》亦单独成篇，名曰《时则》。较《吕氏春秋》十二月纪又有所发展。

十二月纪，分述每月天文、历象、物候等自然现象，说明天子每个月在衣食住行等方面所应遵守的规定，以及为顺应时气在郊庙祭祀、礼乐征伐、农事活动等方面所应发布的政令。要求天子"无变天之道，无绝地之理，无乱人之纪"。天子作什么，实行什么政令，要与天时、物候相适应，如果违背了天时，将会出现各种灾祸。十二月纪，是天子行为的规范和准则，这些规范和准则是根据天道运行、四时变化的规律来制定的，与人的活动相适应，相协调。

十二纪所辖四十八篇文章的编排是否有规律可循？《四库全书总目提要》云："每篇之后各间他文四篇，惟夏令多言乐，秋令多言兵，似乎有义，其余则绝不可晓，先儒无说，莫之详也。"余嘉锡《四库提要辩证》驳之说："《提要》谓'夏令言乐，秋令言兵'是也，谓'其余绝不可晓'者非也。今以春、冬季之文考之，盖春令言生，冬令言死耳。""其取义何也？曰此所谓春生夏长秋收冬藏也。其因四时之序而配以人事，则古者天人之学也。""十二纪以第一篇言天地之道，而以四篇言人事（其实皆言天地相应），以春为喜气而言生，夏为乐气而言养，秋为怒气而言杀，冬为哀气而言死，所谓春生夏长秋收冬藏也。"余嘉锡更进一步阐述纪首下所辖篇目的次序，是紧紧相连贯的，余氏于春三纪说："每纪之第二篇发凡起例，极言节欲养生之义。其《重己》《贵公》诸篇则示人以修身立命之道，以蕲各遂其

① 至于是《吕氏春秋》纪首在先，还是《礼记·月令》在先，古人也有不同意见。蔡邕、王肃认为《月令》为周公所作。

生也。"又于冬纪说:"此二篇(指《节丧》《安死》)为冬令诸篇发凡起例,极言薄葬送死之义。又因世人之厚葬,多藏宝器,遂言古人非无宝,所宝者异,而有《异宝篇》。更因古人所宝者异,遂言万物不同,而用之于人者异,而有《异用篇》。盖因前二篇而推广以及之,文气衔接相续。至于《至忠》《忠廉》以下诸篇则示人以舍生取义之道,以期善处其死也。斯其义例,昭然可见。"余氏所言甚是,符合十二纪各篇安排的内在联系。

孟春所辖四篇《本生》《重己》《贵公》《去私》,仲春所辖四篇《贵生》《情欲》《当染》《功名》,季春所辖四篇《尽数》《先己》《论人》《圜道》,可以很清楚地看出,每一月纪下的前两篇都是讲以生为本,重视生命,而后两篇都是从这一主题伸展出来的,与之有着紧密的联系。《本生》《重己》《贵生》《情欲》《尽数》《先己》都是讲以生为本,重视生命的内容,且这些内容是以天子为主要对象的。这也为后文"虚君"打下伏笔。《本生》一开始就说得很明白,它说:"始生之者,天也;养成之者,人也。能养天之所生而勿撄之,谓之天子。天子之动也,以全天为故者也。此官之所自立也。立官者,以全生也。今世之惑主,多官而反以害生,则失所为立之矣。"其后《贵公》等篇也主要是以天子为对象的。《贵公》说:"昔先圣王之治天下也,必先公。公则天下平矣,平得于公。"这要求天子、君主治国一定要有公心,一定要秉公办事,这样天下才能治理好,才能太平。又说:"天下非一人之天下也,天下之天下也。"这显然是针对天子说的,要公天下,而非一人所私有。《论人》说:"主道约,君守近。太上反诸己,其次求诸人。"讲君主首先要约束自身,以身作则。然后在于选择贤人委以官职,这才是为君之道。《当染》说:"古之善为君者,劳于论人,而佚于官事,得其经也。"论人要有适当的方法,《论人》详细讲述了君主选择贤者的八观六验，它说："八观六验，此贤主之所以论人也。"季春纪的最后一篇《圜道》是春三纪的总结，也是全书的指导思想。它开篇即说："天道圜，地道方，圣王法之，所以立上下。"接着说："主执圜，臣处方，方圜不易，其国乃昌。"与《序意》"法天地"思想完全一致。

孟夏所辖四篇《劝学》《尊师》《诬徒》《用众》，仲夏所辖四篇《大乐》《侈乐》《适音》《古乐》，季夏所辖四篇《音律》《音初》《制乐》《明理》。夏为长养的季节，所辖内容皆是与教育、音乐相关的。古人认为教育、音乐是长养所必须的。余嘉锡《四库提要辩证》说："长养之道，莫大于教化。""乐也者，所以移风易俗也。"劝学、尊师是教育的根本，《劝学》说："先王之教，莫荣于孝，莫显于忠。忠孝，人君人亲之所甚欲也；显荣，人子人臣之所甚愿也。"《尊师》在讲述了古代神农、黄帝等尊师的事迹后说："此十圣人六贤者未有不尊师者也。今尊不至于帝，智不至于圣，而欲无尊师，奚由至哉！"善于学习，取众人之长，是君主建立功名的法宝。《用众》说："夫取于众，此三皇五帝之所以大立功名也。凡君之所以立，出乎众也。立已定而舍其众，是得其末而失其本。……夫以众者，此君人之大宝也。"音乐是体现天下国家治理优劣的标志，君主更是十分重视。《适音》说："故治世之音安以乐，其政平也。乱世之音怨以怒，其政乖也。亡国之音悲以哀，其政险也。凡音乐通乎政，而移风平俗者也，俗定而音乐化之矣。故有道之世，观其音而知其俗矣，观其政而知其主矣。"音乐所以重要，在于它是从道产生的，只有得道之人才能谈论音乐。《大乐》说："音乐之所由来者远矣，生于度量，本于太一。"又说："故惟得道之人其可与言乐乎！"

孟秋所辖四篇《荡兵》《振乱》《禁塞》《怀宠》，仲秋所辖四篇《论威》《简选》《决胜》《爱士》，季秋所辖四篇《顺民》《知士》《审己》《精通》。秋是收杀之季，所辖十二篇，几乎都是与战争相关的内容。《荡兵》等篇主要讲义兵，反复强调"古圣王有义兵而无有偃兵"。"故古之圣王有义兵而无有偃兵。夫有以饐死者，欲禁天下之食，悖；有以乘舟死者，欲禁天下之船，悖；有以用兵丧其国者，欲偃天下之兵，悖。"《禁塞》说："兵苟义，攻伐亦可，救守亦可；兵不义，攻伐不可，救守不可。"而义兵正是当时秦国统一六国所要秉持的原则，推行的政策。义兵的目的在于"除暴君，振苦民"，所以《怀宠》《顺民》《精通》各篇所反复阐述顺民、爱民的思想。《顺民》说："先王先顺民心，故功名成。夫以德得民心以立大功名者，上世多有之矣；失民心而立功名者，未之曾有也。"《爱士》说："人主其胡可以无务行德爱人乎？行德爱人，则民亲其上，民亲其上则皆乐为其君死矣。"《怀宠》说："今兵之来也，将以诛不当为君者也。以除民之雠，而顺天之道也。"战争取胜的基础在于得民心，所以顺民、爱民都是与战争相关的。《精通》似乎与战争内容远了些，其实也在强调只要君主有爱民之心，人民是完全可以感知到的，他们是两精相通的。《精通》说："圣人南面而立，以爱利民为心，号令未出，而天下皆延颈举踵矣，则精通乎民也。"

孟冬所辖四篇《节丧》《安死》《异宝》《异用》，仲冬所辖四篇《至忠》《忠廉》《当务》《长见》，季冬所辖四篇《士节》《介立》《诚廉》《不侵》。冬为敛藏之季，所辖多与葬死相关，士的气节、耿介、忠廉等品质，亦是视死如归的表现，所以置于冬三月之内。《异宝》《异用》等篇与冬藏的关系，前引余嘉锡言，已言之甚详了，不赘述。刘咸炘《吕氏春秋·发微》亦说："（《异宝》）此因厚葬藏宝而引申，亦缘冬藏之义。""（《异用》）此又因《异宝》而引申。”

由此，可以看出，十二纪是全书的纲领，它的结构安排是经过精心设计的，十分严整。

第三节 《八览》的结构体系

《八览》是《吕氏春秋》的第二部分，览是观览的意思。《有始》说："天斟万物，圣人览焉，以观其类。"正是此"览"的意思。八览的名称是：《有始览》《孝行览》《慎大览》《先识览》《审分览》《审应览》《离俗览》《恃君览》。八览，每览八篇，共六十四篇，今《有始览》缺一篇，剩六十三篇。八览各篇所阐述的都是治国之道，是君主为君与御臣的方法。

《有始览》居首，第一篇《有始》从"天地有始"说起，论及天之九野，二十八宿，地之九州、九山、九薮，展示了作者的自然观。这是因为《吕氏春秋》以"法天地"为宗旨，治国需以天地运行的自然法则为依据。有意思的是这览的七篇文章末尾都有"解在乎"之类的字样。这些"解在乎"的事例皆在以下几览的篇章之中，这正好说明《有始览》是八览之纲，统辖以下各览。

《孝行览》围绕治国修身要务本的思想展开，从不同角度进行论述。《慎大览》集中论述治国要谨慎戒惧、因人用贤、顺事而为的思想。《先识览》主要论述辨察事物的道理和方法，从知贤任贤的角度阐发为君之道。《审分览》也是论述为君之道，特别强调虚君思想；同时也论述了御臣之术，吸纳了法术势的主张。《审应览》主旨在于规劝君主应该谨言慎行，反对淫辞辩说。《离俗览》主要论述君主役使人民的方法，即以德义为主，以赏罚为辅。《恃君览》还是论述如何为君，要求君主从长利出发，善于观察事物征表，排壅纳谏，杜绝骄恣。

八览中每览所辖篇章的内容，虽有些互有交错，但总体不出为君治国之道。八览的结构也还是很严整的。

第四节 《六论》的结构体系

《六论》是《吕氏春秋》的第三部分，它们的名称是《开春论》《慎行论》《贵直论》《不苟论》《似顺论》《士容论》。每论所包含的论题不甚集中，较为松散，是补充说明纪、览论述的内容，有些像余论的样子。

《开春论》六篇，《开春》主要阐明论说成功的关键在于言论要符合节用爱人、明德慎罚的道理。《察贤》《期贤》阐述人主得贤的重要意义。《审为》是说要审视自己的行为，所言重生，多针对君主而言，与君主无为相关。《爱类》阐述要适时为百姓谋利。《贵卒》讲争战中反应敏捷、随机应变的意义。各篇所阐述的内容，多为补充前文的论题，如《察贤》《期贤》阐述人主得贤的重要意义。

《慎行论》《慎行》《无义》强调言行要以义为准则，批判小人的见利忘义。《壹行》从另一角度强调言行要诚信专一，与上文也有一定联系。《疑似》《察传》主要强调对相似之物、流传之言，要多加辨察，以定其是非。

《贵直论》所论内容相对比较集中。《贵直》论述君主要尊崇直言敢谏之士，听取其逆耳之言。《直谏》本篇与上篇立意相同，从君臣不同的角度讨论纳谏与进言的原则。《知化》意在说明君主贵在"知化",即洞察事物的发展趋势。君主要知化,纳谏听言十分重要。《过理》告诫君主行为不合礼义则会招致亡国。《壅塞》与《贵直》《直谏》相承,说明君主不听言纳谏就会造成"壅塞",乃至亡国。《原乱》是推究祸乱的原因,并告诫君主要慎重持国。

《不苟论》《不苟》《赞能》主要论述臣下应谨持理义,治事不逾职分,要进献贤能,为国建功。《自知》《当赏》则就君主而言,君主要自知,了解自己的过失,要赏罚得当,不以自己之爱恶施行。《博志》"博"为"拎"之误。强调做事必专心致志;《贵当》意谓举措贵在得当。

《似顺论》《似顺》《别类》论述对各类事物应透过现象认清本质,不能对事物进行主观的类推。《分职》《处方》从君臣不同角度论述,君主"用非其有如己有之",臣下各处其分,各尽其职。《有度》《慎小》又就君主而言,按一定准则行事,慎于小事,防微杜渐。

《士容论》《士容》赞美士人仪容,意仍在于举贤任能。《务大》与《谕大》义同,要求人臣要致力于大事。《上农》《任地》《辩土》《审时》四篇讲农业思想和农业技术。此论各篇主旨并不相同,唯言农者集中于此。

《吕氏春秋》纪、览、论三部分篇数所体现的数目是否具有某种含义,余早年未曾有很多关注。前些年见到一些学者特别是一些青年学者就此发表了不少意见,很有参考价值,庞慧在他的《〈吕氏春秋〉对社会秩序的理解与构建》一书中有详细论述,他综合了各家的观点,提出自己的看法,富有代表性,今转述于此。

关于十二纪　他说:"十二纪每纪五篇这一数字之设立,应当主要是从'五行'这一意义上考虑的。象征天道运行规律的'12',与象征天地万物有序化的五行之'5'配合，显然具有穷究宇宙奥秘、规范万物秩序的意味。""《吕氏春秋·十二纪》采用'12×5'这一数字形式，实欲表明其所论是蕴含着天地之奥秘，体现了'道'之根本的天子之制。"

关于八览 他说："《吕氏春秋·八览》纵论统治之术而以'8'为序，其内容与《周礼·太宰》之'八法''八则''八柄''八统'颇可相通，两相对照，似能说明八览偏重臣道、推究治术之用意。"

关于六论 他说："《吕氏春秋》六论采用'6×6'形式之寓意，大约正是利用了数字'6'的多重寓意，既像六合，又寓'人道六制'之意。"

他总结说："《吕氏春秋》的神秘数字体系，是以历数为主，兼用《易》筮之数，来统合已成常识的神秘数字。""《吕氏春秋》因此营建了一个容纳天地万物古今之事和百家异说的宏大框架。"

第三章　《吕氏春秋》的哲学思想和
政治思想

《吕氏春秋》的思想博大精深，它囊括天地万物，古往今来，人世间的方方面面。它的主旨是法天地，即人的行为要效法天地，要与天地和谐，与天地融为一体。

第一节　《吕氏春秋》的哲学思想

一、《吕氏春秋》的宇宙观和天道观

关于宇宙本源的认识，是战国时期各学派争论的焦点。老子提出宇宙本源是"道"的思想，他说："道生一，一生二，二生三，三生万物。"（《老子四十二章》）又说："天下万物生于有，有生于无。"（《老子四十章》）这后一句是对前一句的很好的说明，他的"道"就是"无"，就是没有任何物质属性的"无"。《吕氏春秋》接受了老子"道"是宇宙本原的思想，但作了根本性的改造。《大乐》篇说："太一出两仪，两仪出阴阳。阴阳变化，一上一下，合而成章。浑浑沌沌，离则复合，合则复离，是谓天常。"又说："道也者，视之不见，听之不闻，不可为状。""万物所出，造于

太一，化于阴阳。""道也者，至精也，不可为形，不可为名，强为之，谓之太一。"他认为，道是看不见，听不到，没有形状，没有名称的最精微的物质，勉强给它取名，可以称作"太一"。他认为，太一产生天地，天地产生阴阳，阴阳的合和与分离产生形态各异的万物。这与老子"道生一，一生二，二生三，三生万物"是截然相反的，老子的"道"是无，道生一即无生有。《吕氏春秋》的"道"或"太一"是物质，是"有"。《吕氏春秋》接受了《管子·内业》篇提出的"道"是物质的"精气"的说法。《内业》说："凡物之精，此则为生，下生五谷，上为列星。"《吕氏春秋》继承并发挥了唯物的精气说，认为宇宙本源的"道"或"太一"是一种极其精微的物质即精气，这种物质，"其大无外，其小无内"（《下贤》），它的运动和结合产生了千姿百态、性质迥异的天地万物。《尽数》篇说："精气之集也，必有入也。集于羽鸟，与为飞扬；集于走兽，与为流行；集于珠玉，与为精朗；集于树木，与为茂长；集于圣人，与为夐明。精气之来也，因轻而扬之，因走而行之，因美而良之，因长而养之，因智而明之。"它认为天地万物及其独有的性质都是精气聚集而产生的结果。当然，《吕氏春秋》的这些论述还显得有些肤浅。但在两千多年前，能够认识到宇宙万物是由物质的精气构成，是十分难能可贵的了。

　　"道"既是宇宙的本源，也是宇宙间万物遵循的根本法则和规律。能够掌握"道"，就能够无往而不遂。《圜道》说："一也者至贵，莫知其原，莫知其端，莫知其始，莫知其终，而万物以为宗。圣王法之，以全其性，以定其生，以出号令。"这里的"一"即是"太一"，也就是"道"。《大乐》说："故一也者制令，两也者从听。先圣择两法一，是以知万物之情。故能以一听政者，乐君臣，和远近，说黔首，合宗亲；能以一治其身者，免于灾，终其寿，全其天；能以一治其国者，奸邪去，贤者至，成大化；能以一治天下者，寒暑适，风雨时，为圣人。故知一则明，明两则狂。"《执一》说："王者执一，而为万物正。""一"就是"道"，是本源的规律、法则，"两"指由"一"派生的、非本源的事物。所以圣人舍弃"两"、遵从"一"，就能洞察万物的实情。能够遵从"一"，无论作什么，都可以取得成功。这一点《论人》说得更详细，它说："凡彼万形，得一后成。故知知一，则应物变化，阔大渊深，不可测也；德行昭美，比于日月，不可息也；豪士时之，远方来宾，不可塞也；意气宣通，无所束缚，不可牧也。故知知一，则复归于朴，嗜欲易足，取养节薄，不可得也；离世自乐，中情洁白，不可墨也；威不能惧，严不能恐，不可服也。故知知一，则可动作当务，与时周旋，不可极也；举错以数，取与遵理，不可惑也；言无遗者，集于肌肤，不可革也；馋人困穷，贤者遂兴，不可匿也。故知知一，则若天地然，则何事之不胜？何物之不应？"掌握事物自身所固有的规律，按照这个规律办事，才能取得成效。无论是大事，还是日常生活中小事，莫不如此。《尽数》说："夫以汤止沸，沸愈不止，去其火则止矣。"使水沸者是火在加热，用热水岂能止沸？只要撤掉火，沸自然就止住了。这妇孺皆知的现象，蕴含着深刻的道理。

由于《吕氏春秋》对宇宙本源的认识，它对天道的认识也具有唯物的性质。它认为天是由精气构成的自然的天。《有始》篇说："天地有始，天微以成，地塞以形。天地合和，生之大经也。"它认为，精气中轻扬者上升而成为天，重浊者下沉而成为地，天地的和合与分离是产生万物的根本，天并不是什么有意志的万物的主宰。《吕氏春秋》讲天，经常是与地对言，天有日月星辰，地有草木禽兽，都是物质的自然界。这些日月星辰、草木禽兽，都不是神造的，而是由天地二气的结合及分离等自身矛盾运动而形成的。人们要认识"天"，就要根据这些自然现象。《当赏》说："民无道知天，民以四时寒暑日月星辰之行知天。四时寒暑日月星辰之行当，则诸生有血气之类皆为得其处而安其产。"《吕氏春秋》的天道观，在很大程度上受了荀子"天道自然"的影响，认识到天是实实在在的由物质构成的自然界。

《吕氏春秋》不认为天是有意识的万物的主宰，因此不承认天命，不承认鬼神的存在。它说："凡生于天地之间，其必有死，所不免也。"（《节丧》）它认为人的生死不是什么命中注定，而是一种客观的必然性。《吕氏春秋》对"命"作过明确的解释，《知分》说："命也者，不知所以然而然者也。人事智巧以举错者，不得与焉。故命也者，就之未得，去之未失。"《吕氏春秋》所谓"命"就是客观事物不以人的意志为转移的必然性。同样他也不承认鬼神的存在。他在《博志》篇中对于所听说的"孔丘、墨翟，昼日讽诵习业，夜亲见文王周公旦而问焉"这件事，只强调他们"用志如此其精"。它还进一步对人们给这件事的结论"精而熟之，鬼将告之"（《博志》）提出了驳议，他认为不是"鬼将告之"，只是"精而熟之"。他在《尽数》篇中说："今世上卜筮祷祠，故疾病愈来。"这里它对于世人崇尚卜筮祷祠求助天帝免除疾病的做法也提出了异议。他认为人体疾病是精气郁结而成，依靠卜筮祷祠求助上天，不但无补于疾病的痊愈，只能使疾病更加厉害。从这里我们可以清楚地看到出，《吕氏春秋》是否认鬼神的存在的。

《吕氏春秋》提出"类同相召，气同则合，声比则应"（《召类》）的具有朴素唯物思想的命题。它认为自然界中的同类事物之间都有一种客观的联系。它说："慈石召铁，或引之也。树相近而靡，或軵之也。圣人南面而立，以爱利民为心，号令未出，而天下皆延颈举踵矣，则精通乎民也。"又说："身在乎秦，所亲爱在于齐，死而志气不安，精或往来也。"（《精通》）从矿物的磁石相吸，植物的枝叶相引，到人的精神、心理的感应，它们之间精气沟通往来，是因为同类同气的缘故。它说："故父母之于子也，子之于父母也，一体而两分，同气而异息。若草莽之有华实也，若树木之有根心也。虽异处而相通，隐志相及，痛疾相救，忧思相感，生则相欢，死则相哀，此之谓骨肉之亲。神出于忠而应乎心，两精相得，岂待言哉？"（《精通》）它认为，骨肉之亲如同一体而居两处，他们的心志靠精气相通而互相联系。它更进一步认为，天地万物也如同父母之于子女一样，《有始》说："天地万物，一人之身也，此之谓大同。"它认为，天地万物虽然形形色色，但他们都同样是由精气构成的，就如同一体而分居各处一样。天地万物同类互相应合也是一种物质上的联系，而不是超物质的意识或主宰在起作用。近日，有报道量子卫星"墨子"号，实证性地证明量子纠缠是存在的。所谓"量子纠缠"，就是两个有共同来源的粒子，不管相距多么遥远，一个粒子的变化立刻就影响到另一个粒子。这种有趣的现象让我们感到，《吕氏春秋》力图用物质的精气说来解释自然界中同类事物的某种联系，力图从物质的角度去阐释精神方面的现象，表现了它在天道观上的唯物色彩，在当时是可贵的，对后人也有所启示。

在这个问题上，《吕氏春秋》也存在不科学的地方，具有一定的神秘的宗教色彩。它认为人为善就会有好的结果。《制乐》篇讲到"荧惑守心"之事，说灾祸将降至宋景公，而宋景公宁愿自己承担，不肯移祸于宰相，不肯移祸于百姓，不肯移祸于年成，上天感于宋君之德，而三徙舍，使宋景公延年二十一岁。他根据五德终始说，认为一个朝代的出现，上天会降下与之相应的祥兆。《应同》说："凡帝王者之将兴也，天必先见祥乎下民。黄帝之时，天先见大螾大蝼。黄帝曰：'土气胜。'……及禹之时，天先见草木秋冬不杀。禹曰：'木气胜。'……及汤之时，天先见金刃生于水。汤曰：'金气胜。'……及文王之时，天先见火赤乌衔丹书集于周社。文王曰：'火气胜。'"这些都没有丝毫科学依据，没有丝毫的可信度。类似的记述在《吕氏春秋》还有，不一一举例了。

天地万物的产生是精气升降运动的结果，《大乐》说："太一出两仪，两仪出阴阳，阴阳变化，一上一下，合而成章。"《有始》说："天地有始，天微以成，地塞以形。"又说："夫物合而成，离而生，知合知成，知离知生，则天地平矣。"万物的"离""合"是自然界发展变化的根本规律。《大乐》说："浑浑沌沌，离则复合，合则复离，是谓天常。"《有始》说："天地合和，生之大经也。"天地万物产生后仍处于不停的运动之中。《观表》说："天为高矣，而日月星辰云气雨露未尝休矣；地为大矣，而水泉草木毛羽裸鳞未尝息矣。"《知分》说："天固有衰嗛废伏，有盛盈蚡息。人亦有困穷屈匮，有充实达遂。此皆天之容、物〔之〕理也，而不得不然之数也。"这种运动是永不停歇的，是没有终极的。《下贤》说："与物变化，而无所终穷。"运动是天地万物的根本属性，只有运动，事物才能存在，才能维持长久。《尽数》说："流水不腐，户枢不蝼，动也。形气亦然，形不动则精不流，精不流则气郁。"自然界是如此，人体也是如此。各种事物的运动，都有其特殊的规律与法则，不能违背，必须遵循。《贵当》说："性者万物之本也，不可长，不可短，因其固然而然之，此天地之数也。""因其固然而然之"就是要人们按照事物的固有规律行事，不可违背。植物春生夏长是其规律，人们必须遵循这个规律，不能在冰冻时节播种。《首时》说："水冻方固，后稷不种，后稷之种必待春。故人虽智而不遇时，无功。"

《吕氏春秋》认为天地万物的运动是一种循环往复的运动。首先它从朴素的直观看待天体的运行，《圜道》说："日夜一周，圜道也。""月躔二十八宿，轸与角属，圜道也。"推而广之，他认为日月星辰的运行和四时的更替都是一种周而复始的圆周运动。同时，他认为天地间的生物的生长老死也是一种周而复始的运动，《圜道》说："物动则萌，萌而生，生而长，长而大，大而成，成乃衰，衰乃杀，杀乃藏，圜道也。"他认为，正是由于天地万物这种循环往复的运动，才维持着它们持久的平衡。《大乐》说："天地车轮，终则复始，极则复反，莫不咸当。"这种运动循环论，只看到运动形式本身，没有看到运动后事物的发展和进步，是一种形而上学的思想。《吕氏春秋》不仅将这种循环论应用于解释自然现象，也用它来说明社会现象，更有甚者，用邹衍的五德终始说的木火土金水五行生克的理论解释朝代的更迭。它在《应同》中说黄帝之时土气胜，禹之时木气胜，是木克土的结果。汤之时金气胜，是金克木的结果。文王之时火气胜，是火克金的结果。"代火者必将水，水气至而不知数备，将徙于土"。这种以五行生克的说法解释朝代更迭，影响到秦始皇、汉武帝。秦始皇以为秦代周德，周为火德，以水代火，宣布秦为水德。《史记·秦始皇本纪》："始皇推终始五德之传，以为周得火德，秦代周德，从所不胜，方今水德之始，改年始，朝贺皆自十月朔。"汉武帝亦宣布汉代秦，则为土德。

在解释社会现象时，《吕氏春秋》也流露出一些进化的思想。《恃君》讲到君主的产生，它说："昔太古尝无君矣，其民聚生群处，知母不知父，无亲戚兄弟夫妻男女之别，无上下长幼之道，无进退揖让之礼，无衣服履带宫室畜积之便，无器械舟车城郭险阻之备，此无君之患。""圣人深见此患也，故为天下长虑，莫如置天子也；为一国长虑，莫如置君也。置君非以阿君也，置天子非以阿天子也。"这里讲述了人类从野蛮群居，到有天子，有国君的分封社会，而且说明置天子、置国君不是让他们以此谋私利的社会进化过程。在《察今》中讲到法要随着时代的进化而不断变化。"是故有天下七十一圣，其法皆不同。非务相反也，时势异也。""世异时移，变法宜矣。"

二、《吕氏春秋》的认识论

《吕氏春秋》具有丰富的关于认识论的论述。它认为客观世界是可以认知的自然存在，人们可以通过耳目口鼻心等感官去感知外部世界，《执一》说："目不失其明，而见黑白之殊；耳不失其听，而闻清浊之声。"这是说，眼睛不失明，能感受黑白的区别；耳朵不失聪，能辨别清浊的声音。物的颜色、声音都是靠人的感官与外物接触认识的。《知接》说："瞑者目无由接也，无由接而言见，谎。"盲人眼睛看不见东西，却说看见了，这一定是谎言。它认为人的感性认识和直接经验十分重要。《疑似》说："舜为御，尧为左，禹为右，入于泽而问牧童，入于水而问渔师，奚故也？其知之审也。"即使是尧舜禹这样的圣人，到草泽要询问牧童，到水边要请教渔夫，这是因为牧童、渔夫对他们所处的环境了解更加清楚。《论人》详细论述考察人的八观六验，"凡论人，通则观其所礼，贵则观其所进，富则观其所养，听则观其所行，止则观其所好，习则观其所言，穷则观其所不受，贱则观其所不为。喜之以验其守，乐之以验其僻，怒之以验其节，惧之以验其特，哀之以验其人，苦之以验其志"。对各种不同处境的人，要通过他们的不同的行为去考察他们；而且用不同的方法去考验他们不同的品格。《吕氏春秋》认为，理性的认识要以感性认识作基础，对于不易直接了解的事物，可以通过与它们有联系的事物去了解。《当赏》说："民无道知天，民以四时寒暑日月星辰之行知天……人臣亦无道知主，人臣以赏罚爵禄之所加知主。"人要认知天，可以凭借能够看到感觉到的四时寒暑及日月星辰的运行来了解天；人臣要认知君主，可以通过君主对什么人施行奖赏、惩罚，给什么人加官进爵来认识君主。要正确感知事物，需要有必要的条件。《任数》说："凡耳之闻也借于静，目之见也借于昭，心之知也借于理。"耳朵感知事物需要安静，眼睛感知事物要有光线，内心感知事物要通过义理。没有这些条件，就无法感知外部事物，进而形成理性的认识。

《吕氏春秋》认识到，外界事物是复杂的，有时类然而不然，就要透过表象去认识真相。《别类》说："物多类然而不然。"《似顺》说："事多似倒而顺，多似顺而倒。有知顺之为倒，倒之为顺者，则可与言化矣。"《任数》讲到孔子困于陈蔡的一个故事，就是告诫我们要拨开表象看清真相。

　　孔子穷乎陈、蔡之间，藜羹不糁，七日不尝粒。昼寝。颜回索米，得而爨之，几熟，孔子望见颜回攫其甑中而食之。选间，食熟，谒孔子而进食。孔子佯为不见之。孔子起曰："今者梦见先君，食洁而后馈。"颜回对曰："不可。向者煤炱入甑中，弃食不祥，回攫而饭之。"孔子叹曰："所信者目也，而目犹不可信；所恃者心也，而心犹不足恃。弟子记之，知人固不易也。"

　　《吕氏春秋》还特别强调人的认识不是先天具有的，而是后天通过实践，不断学习得来的。即使是圣人也是如此。《劝学》说："不知理义，生于不学。学者师达而有材，吾未知其不为圣人。""圣人生于疾学。不疾学而能为魁士名人者，未之尝有也。"圣人之所以成为圣人，一是在于他善于学习，一是在于他善于观察事物的征兆。《观表》说："圣人之所以过人以先知，先知必审征表，无征表而欲先知，尧、舜与众人同等。征虽易，表虽难，圣人则不可以飘矣。众人则无道至焉。无道至则以为神，以为幸，非神非幸，其数不得不然。"圣人的所谓先知先觉，不是先天具有的，是他善于观察事物的征表。事物如果没有征表，或者人们不去审知征表，而想要做到先知，是完全不可能的，这一点，被尊为圣人的尧舜和一般人是没有什么区别的。

　　《吕氏春秋》认为人对外界事物的认识具有局限性。《别类》说："目固有不见也，智固有不知也，数固有不及也。"《悔过》说："穴深寻，则人之臂必不能极矣，是何也？不至故也。智亦有所不至。"人们对外物的认识，要靠人的感官对外物的接触，然而人的感官天生就有接触不到的地方，人的视力本来就有看不到的地方，手臂更是有触不到的地方，因此凭借感官感知事物就受到了局限。人的这种感知的局限，人的感官因素之外，外物的位置也是因素的一个方面，这些都属于客观的因素。除了这些客观因素，人的主观偏见也是妨碍人的认识的重要方面。《去宥》说："夫人有所宥者，固以昼为昏，以黑为白，以尧为桀，宥之为败亦大矣。"人的认识的局限，因为被固有的观念所障蔽，所以会把白昼说成黑夜，把黑的说成白的，把尧说成桀。《去尤》又说："所以尤者多故，其要必因人所喜，与因人所恶。东面望者不见西墙，南乡视者不睹北方，意有所在也。"

人的认识产生局限，在于他的思想固定在某一个范围内，向东看就看不到西墙，向南看就看不到北方。《去尤》说：

> 鲁有恶者，其父出而见商咄，反而告其邻曰："商咄不若吾子矣。"且其子至恶也，商咄至美也。彼以至美不如至恶，尤乎爱也。

《去宥》说：

> 齐人有欲得金者，清旦，被衣冠，往鬻金者之所，见人操金，攫而夺之。吏搏而束缚之，问曰："人皆在焉，子攫人之金，何故？"对吏曰："殊不见人，徒见金耳。"

鲁人认为自己十分丑陋的孩子比大家公认的美人商咄还美，就是因为他对自己的孩子有所偏爱。齐人在金市上当众抢人家的金子，就是因为他的注意力完全集中到金子上的缘故。

《吕氏春秋》认为，混淆不同性质的事物也是妨害人们正确认识的重要原因。因为事物都具有特殊性，都有各自不同的性质。它在《别类》中举了公孙绰加倍治偏枯的药起死人的故事，很有启发性。

> 鲁人有公孙绰者，告人曰："我能起死人。"人问其故，对曰："我固能治偏枯，今吾倍所以为偏枯之药，则可以起死人矣。"

死人与偏枯之人，一个是没有生命的，一个是有生命的，性质完全不同，将此二者混淆，必将酿成大错。《吕氏春秋》对此事的总结，"物固有可以为小，不可以为大；可以为半，不可以为全者矣"（《别类》），对于人们正确地认识事物是很好的警示。人们对不同的事物要详细审慎地考察，才不至于犯错误。

《吕氏春秋》要求人们要尽力克服认识的局限，它专设立《去尤》《去宥》两篇，分析各种局限产生的原因，从而提出克服的办法。它提出的办法可以概括为两类，一是当客观事物不易认识的时候，人要通过学习，提高自身的认识能力。《谨听》说："不知则问，不能则学。"一是要克服自身的主观偏见及情感的干扰。《去宥》说："故凡人必别宥然后知，别宥则能全其天矣。"

三、《吕氏春秋》的辩证思想

《吕氏春秋》的哲学思想中有相当浓厚的辩证法思想。

《吕氏春秋》认为世间万物都是互相联系，互相依赖的。《明理》说："凡生，非一气之化也；长，非一物之任也；成，非一形之功也。"万物的诞生，不是阴阳二气中一气能够化育的；万物的生长，不是一物能够承担的；万物的形成，不是一种东西的功效。这就是说，任何事物的生长形成，都要依赖各种事物的互相协调，不与它物发生联系的孤立的、单一的事物是不存在的。

《吕氏春秋》认为天地万物都具有两面性，《本生》说："万物章章，以害一生，生无不伤；以便一生，生无不长。"天地万物可以伤害生命，也可以养育生命。水、火是人生活中不可须臾离开的事物，对于人也存在两面性，用对则为利，否则即为害。《荡兵》说："若水火然，善用之则为福，不能用之则为祸。"这种两面性总是同时存在于同一事物之中，《决胜》说："夫众之为福也大，其为祸也亦大。譬之若渔深渊，其得鱼也大，其为害也亦大。"福与祸并存，利与害同在。是福是祸，是利是害，就在于人的辨察与掌控能力。《尽数》说："天生阴阳、寒暑、燥湿、四时之化，万物之变，莫不为利，莫不为害。圣人察阴阳之宜以便生。"圣人能够察阴阳之宜、万物之变而有利于生。同样的事物，不同的人用于不同的地方而产生完全不同的结果。《异用》说："万物不同，而用之于人异也，此治乱、存亡、死生之原。……桀、纣用其材而以成其亡，汤、武用其材而以成其王。"又说："仁人之得饴，以养疾侍老也；跖与企足得饴，以开闭取楗也。"同样的饴糖，仁爱之人得到用来保养病人，奉养老人；跖与企足得到，却用来拔闩开门，盗窃他人财物。

《吕氏春秋》认为，各种事物都是对立的统一，都是既互相对立又互相依存的，《喻大》说："小之定也必恃大，大之安也必恃小，小大贵贱，交相为恃。"小与大，贵与贱都是互相对立，也互相依存，交相为恃的。相互对立、相互依存的事物之间又是可以互相转化的，《似顺》说："至长反短，至短反长，天之道也。"事物到达极点就会转到其反面，这是自然的规律。《别类》又说："夫草有莘有藟，独食之则杀人，合而食之则益寿。"莘、藟这些草，单独食之，有毒，可以使人致死，配合起来使用就能使人长寿，从一个方面转到了相反的方面。不但自然物可以转化，人也可以转化。《尊师》说："子张，鲁之鄙家也；颜涿聚，梁父之大盗也；学于孔子。段干木，晋国之大驵也，学于子夏。高何、县子石，齐国之暴者也，指于乡曲，学于子墨子。索卢参，东方之巨狡也，学于禽滑黎。此六人者，刑戮死辱之人也，今非徒免于刑戮死辱也，由此为天下名士显人，以终其寿，王公大人从而礼之。此得之于学也。"这种转化是有条件的，也就是说，这种转化是在一定的条件下完成的。莘和藟从杀人到益寿，转化的条件是"合而食之"。"刑戮死辱之人",转变为"名士显人",转化的条件是"得之于学"。没有必要的条件,就不能达到事物的转化。

《吕氏春秋》的哲学思想具有朴素的唯物性质,也有一定的辩证色彩,值得深入研究,赋予它恰当的历史地位。

第二节　《吕氏春秋》的政治思想

《吕氏春秋》是吕不韦为即将统一的秦帝国制定的治国方略。它十分详细地勾画出天子治国理政以及日常生活起居的宏大蓝图,提出自己一整套政治主张,这套政治主张的哲学基础是"法天地",即顺应天地自然的本性,只有这样才能达到清平盛世。因此,虚君实臣、民本德治成为它的政治思想的核心。

一、虚君实臣

《吕氏春秋》要求遵照"法天地"的思想去建立君臣之间的关系。《序意》说:"盖闻古之清世,是法天地。"所谓"天",即为君主;所谓"地",即指臣下。《圜道》说:"天道圜,地道方。圣王法之,所以立上下。"又说:"主执圜,臣处方,方圜不易,其国乃昌。"天道是圜,是虚;地道是方,是实。君臣关系就如同天地关系,君主与臣下做好本分的事,而不有所移易,国家就可以昌盛。

《吕氏春秋》遵循天道自然的思想,"太一出两仪",太一即道,两仪即天地。"道常无为而无不为",君道要如同天道,《君守》说:"昊天无形,而万物以成;至精无象,而万物以化;大圣无事,而千官尽能。"

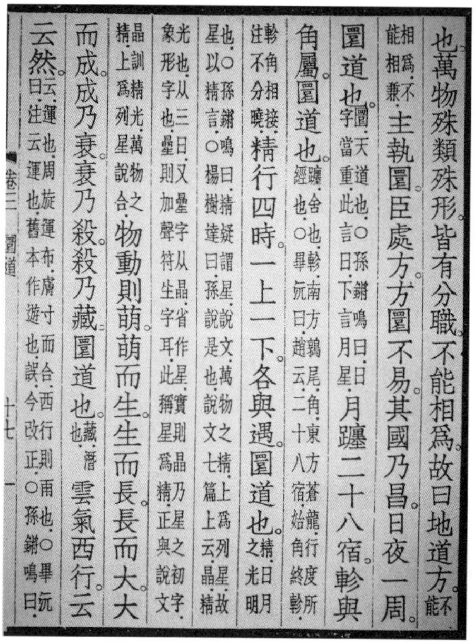

图九　《吕氏春秋·圜道》

天无形无象，而能化成万物；君亦如同天，处虚无为而无不为，无为而天下治。

《吕氏春秋》从人类进化的角度，论述了君与君道的产生。《恃君》讲到人不能单独抵御各种自然的灾害，所以聚集在一起，为生存而群居，群居可以互相帮助，而都得到好处，这样君主的原则就产生了。"群之可聚也，相与利之也。利之出于群也，君道立也"。它还详细地论述了太古时期无君的危害，"知父不知母，无亲戚兄弟夫妻男女之别，无上下长幼之道，无进退揖让之礼，无衣服履带宫室畜积之便，无器械舟车城郭险阻之备"。四方无君之国，"少者使长，长者畏壮，有力者贤，暴傲者尊，日夜相残，无时休息，以尽其类"，"圣人深见此患也，故为天下长虑，莫如置天子也，为一国长虑，莫如置君也。置君非以阿君也，置天子非以阿天子也"。君主的产生是为天下、国家考虑，使天下百姓避免无君之患；君主的产生不是给君主以私利，"君道何如？利而物（通'勿'）利章"，为君之道，是以为民谋利而不利己为准则。西周伯禽去鲁国，向其父周公请教如何治理鲁国，周公说："利而勿利也。"就是说要施利给人民而不能为自己谋私利。因此他认为，治理天下首先是公。《贵公》说："昔先圣王之治天下也，必先公，公则天下平矣。"因为"天下，非一人之天下也，天下之天下也"。公是虚君的基础，是君主无为的基础。

《吕氏春秋》认为，只有君主无为，才能使臣下有所为而各尽其职。《分职》说："夫君也者，处虚服素而无智，故能使众智也；智反无能，故能使众能也；能执无为，故能使众为也。"君主的无智、无能、无为，才能使众智、众能、众为，才能使臣下施展他们的才智。君主和一般人一样，不可能全知全能，总会受到外界条件的制约而有一定的局限性。《任数》说："十里之间，而耳不能闻；帷墙之外，而目不能见；三亩之宫，而心不能知。"要克服这种局限性，君主就要利用臣下，充分发挥臣下的聪明才智。《吕氏春秋》提出君道"因而不为""用非其有"的主张。《任数》说："古之王者，其所为少，其所因多。因者，君术也；为者，臣道也。"《分职》说："先王用非其有，如己有之，通乎君道者也。"所谓"因"，就是利用自身以外的事物，使之为自己服务；就是顺应自然及社会的情势，成就自身的功业。

《贵因》说："三代所宝莫如因，因则无敌。禹通三江五湖，决伊阙，沟回陆，注之东海，因水之力也；舜一徙成邑，再徙成都，三徙成国，而尧授之禅位，因人之心也；汤、武以千乘制夏、商，因民之欲也。如秦者立而至，有车也；适越者坐而至，有舟也。秦、越，远途也，竫立安坐而至者，因其械也。"

又说："夫审天者，察列星而知四时，因也；推历者，视月行而知晦朔，因也；禹之裸国，裸入衣出，因也；墨子见荆王，衣锦吹笙，因也；孔子道弥子瑕见釐夫人，因也；汤、武遭乱世，临苦民，扬其义，成其功，因也。故因则功，专则拙，因者无敌。"

这里不厌其烦地强调"因"的重要意义，充分利用外物、顺应形势则所向无敌。君道之"因"，主要是说，君主要充分利用臣下，使之各司其事，尽其能。这与"用非其有，如己有之"意思是一致的。

《圜道》说："主也者，使非有者也，舜、禹、汤、武皆然。"又说："百官各处其职、治其事以待主，主无不安矣；以此治国，国无不利矣；以此备患，患无由至矣。"

《勿躬》说："大桡作甲子，黔如作虏首，容成作历，羲和作占日，尚仪作占月，后益作占岁，胡曹作衣，夷羿作弓，祝融作市，仪狄作酒，高元作室，虞姁作舟，伯益作井，赤冀作臼，乘雅作驾，寒哀作御，王冰作服牛，史皇作图，巫彭作医，巫咸作筮。此二十官者，圣人之所以治天下也。圣王不能二十官之事，然而使二十官尽其巧，毕其能，圣王在上故也。圣王之所不能也，所以能之也；所不知也，所以知之也。"

古代的圣王，都能够用非其有，使百官处其职，治其事，尽其巧，毕其能。这样君主所不能的就可以能了，所不知的就可以知了。君主不只对百官能用非其有如己有之，而且用民亦能如之。《用民》说："汤武非徒能用其民也，又能用非己之民。能用非己之民，国虽小，卒虽少，功名犹可立。"如果君主要去做本该臣下做的事，就如同人和骐骥赛跑，一定多所不及。《审分》说："人主好治人官之事，则是与骥俱走也，必多所不及矣。"所以《君守》说："故善为君者无识（通'职'），其次无事。有识则有不备矣，有事则有不恢矣。不备不恢，此官之所以疑，而邪之所从来也。"君主担当职务就会有不完备的地方，做具体事情就会有不周全的情况。而这种不完备、不周全正是官吏产生疑惑，邪僻出现的原因。再者，君主如果去做本该臣下做的事，会带来很多弊端危害。《勿躬》说："其臣蔽之，人时禁之；君自蔽，则莫之敢禁。夫自为人官，自蔽之精者也。"君主若为人臣之事，是最大的自我蒙蔽。君主若为人臣之事，臣下就会舍弃自己的职守而奉迎君主之为，这样臣下有了过错君主就无法追究其责任，如此一来，君主一天天受损，臣下一天天得志，君臣尊卑颠倒的情况就会发生了。《君守》说："人主好以己为，则守职者舍职而阿主之为矣。阿主之为，有过则主无以责之，则人主日侵，而人臣日得。是宜动者静，宜静者动也。尊之为卑，卑之为尊，从此生矣。"因此君主必须无为，无为胜于有为，无为才能无不为。

君主如何做到无为而无不为呢？《吕氏春秋》认为，最重要的是君主要治其身，反诸己。也就是说，君主治理天下，修养自身是根本。《先己》说："凡事之本，必先治身。"又说："先圣王成其身而天下成，治其身而天下治。故善响者不于响于声，善影者不于影于形，为天下者不于天下于身。"这里用声是响的根本，形是影的根本，十分形象的说明治身是治天下的根本。此一思想，《吕氏春秋》多次反复申明，《执一》说："为国之本，在于为身，身为而家为，家为而国为，国为而天下为。"《先己》说："不出于门户而天下治者，其唯知反于己身者乎！"凡做事，必须从根本着手，根本是决定一切的。《先己》说："是故百仞之松，本伤于下而末槁于上。"百仞高大的松树，伤了根，枝叶就会枯槁。这说明，君主不修养好自身，天下、国家是治理不好的。

《吕氏春秋》认为，治其身首先要尊重自然，重视生命。它设立专篇《本生》《贵生》，要求君主以身为重，只有懂得以身为本，才能托以天下。《本生》说："能养天之所生而勿撄之谓天子。"《贵生》说："天下，重物也，而不以其害生，又况他物乎？惟不以天下害其生者也，可以托天下。"对于"反诸己"做了具体的说明，核心也是要顺应自然。《论人》说："何谓反诸己？适耳目，节嗜欲，释智谋，去巧故，而游意乎无穷之次，事心乎自然之涂。"什么叫作求之于自身呢？就是使耳目适度，节制嗜好欲望，放弃智巧计谋，摒除虚浮伪诈，让自身的意志在无限的空间遨游，让自己的思想立于无为的境界。换句话说，就是修养自己的身心，使之顺应自然，与自然融为一体。修养身心，最主要的是做到"至公"，前文讲君主产生时，已经说过，君主至公是无为而治的基础。这里不再多说。

《吕氏春秋》认为，君主治其身要做到自知、自罪，或者说，自知、自罪是君主自身修养的重要方面。《自知》说："存亡安危，勿求于外，务在自知。"国家的安危存亡，在于君主能否自知。本篇举出很多历史上不自知而遭灭亡杀虏的事例，最后得出结论"败莫大于不自知"。它说："荆成、齐庄不自知而杀，吴王、智伯不自知而亡，宋、中山不自知而灭，晋惠公、赵括不自知而虏，钻荼、庞涓、太子申不自知而死，败莫大于不自知。"君主不能自知，不能正确认识自己，往往会认为自己很有智慧，因此很骄傲，这种自智、自骄，是亡国之君的突出表现。《骄恣》说："亡国之主，必自骄，必自智，必轻物。自骄则简士，自智则专独，轻物则无备。无备召祸，专独位危，简士壅塞。"君主自骄就会简慢贤士，从而使君道壅塞；君主自智就会独断专权，从而使君位倾危。君主能够自知，对自己有正确的认识，才能反躬自问，有所戒惧，不断进取。《论人》说："三代之兴王，以罪为在己，故日功而不衰，以至于王。"禹、汤、文、武之兴盛，是因为他们以罪为在己，日日勤于功业而不松懈，所以能够称王。

《吕氏春秋》认为，君主要做到无为而无不为，达到"用非其有，如己有之"，就要求贤、尊贤、用贤。《当染》说："古之善为君者，劳于论人而佚于官事，得其经也。"古代善于做君主的人，会把精力用在选贤用人上，对于官署事务则淡然处之，这是掌握了为君的正确方法。君主要建立功名，其根本在于得贤。《本味》说："求之其本，经旬必得；求之其末，劳而无功。功名之立，由事之本也，得贤之化也。非贤，其孰知乎事化？故曰其本在得贤。"黄帝四处寻访贤人，立为四方的辅佐；尧、舜得到贤人伯阳、续耳，然后成就帝业。《本味》说："故黄帝立四面，尧、舜得伯阳、续耳然后成。"这些都说明古代圣王对得贤的重视。得到贤人，就可以身定国安天下治。《求人》说："身定、国安、天下治，必贤人。""得贤人，国无不安，名无不荣。"君主要得贤，首先要求贤，《本味》说："贤主之求有道之士，无不以也。"《求人》说："先王之索贤人，无不以也。"贤主求贤人，都用尽一切办法。《观世》说："欲求有道之士，则于江河之上，山谷之中，僻远幽闲之所，若此则幸于得之矣。"求贤，首先要尊贤，要礼贤，《下贤》说："有道之士，固骄人主；人主之不肖者，亦骄有道之士。……贤主则不然。士虽骄之，而己愈礼之，士安得不归之？"《下贤》讲了好几个君主礼贤下士的故事，尧不以帝见善卷，北面而问焉。周公旦所朝于穷巷之中瓮牖之下者七十人。魏文侯见段干木，立倦而不敢息。齐桓公见小臣稷，一日三至弗得见。这些君主就是这样以礼求贤者的。君主在得到贤者之后，仍然需要以礼相待，充分信任，充分发挥他们的作用。《本味》说："虽有贤者，而无礼以接之，贤奚由尽忠？犹御之不善，骥不自千里也。"《观世》说："有道之士，必礼必知，然后其智能可尽也。"贤者能竭忠尽智，君主可以无为而天下治了。君主要避免"任人而不能用之，用之而与不知者议之"（《知度》）的错误做法。《任数》有一段齐桓公谈论为君难易的话，充分说明齐桓公对臣下之贤者的信任：

　　　　有司请事于齐桓公，桓公曰："以告仲父。"有司又请，公曰："告
　　仲父。"若是三。习者曰："一则仲父，二则仲父，易哉为君！"桓公曰：
　　"吾未得仲父则难，已得仲父之后，曷为其不易也？"

　　正由于齐桓公的信任，管仲才能做到九合诸侯、一匡天下，成就齐桓公的霸业。

　　《吕氏春秋》认为，君主要做到无为而无不为，必须设立官职，立官必使之方，也就是说，君主要做到无为而无不为，要有一套使用管理臣下的方法，这套方法就是"辔"，君主要控制"辔"，才能使臣下尽智、尽力。《审分》说："王良之所以使马者，约审之以控其辔，而四马莫敢不尽力。有道之主，其所以使群臣者亦有辔。其辔何如？正名审分，是治之辔也。"君主掌握了正名审分的"辔"，就可以使臣下尽其职守，达到天下大治。《正名》说："名正则治，名丧则乱。"《审分》说："凡人主必审分，然后治可以至。"又说："故至治之务，在于正名。名正则人主不忧劳矣。"何谓"正名审分"？《审分》说："按其实而审其名，以求其情；听其言而察其类，无使放悖。"就是依照客观实际来审察名分，听其言论而考察其行为。《吕氏春秋》认为，当时"名多不当其实，而事多不当其用者"，所以"人主不可以不审名分也。不审名分，是恶壅而愈塞也"（《审分》）。

　　臣处方，即臣下要尽其职守。"民之本在于有司"，而"君之本在于民"，管理好百姓是臣下尽其职守的最根本的一条。《吕氏春秋》在《至忠》《忠廉》《不苟》《直谏》等多篇中就臣下的品格与行为提出了各方面的要求。在君主行君道的前提下，臣下应该做到至忠，一心一意地忠实于君主；要做到廉洁，无有私心。还要求臣下笃行礼义，又要谨守分职，不得

越职而行；还要直言敢谏。还要求臣下尽智、尽能、尽力。臣下能如此，君主才可能做到无为而治。

虚君实臣，是一个问题的两个方面，而其中起主导作用的是虚君，只有"主执圜"，才有可能使"臣处方"。反之，如果臣下不能处方，尽其职守，君主又怎能做到无为而无不为呢？所以还是那句话，"主执圜，臣处方，方圜不易，其国乃昌"（《圜道》）。二者不可偏废，君臣要相知相信，相融而乐。《本味》所说甚是，它说："故贤主之求有道之士，无不以也；有道之士求贤主，无不行也。相得然后乐，不谋而亲，不约而信，相为殚智竭力，犯危行苦，志欢乐之。此功名所以大成也。"

二、民本德治

《吕氏春秋》除了提出虚君实臣的思想之外，还提出一整套以民本思想为基础，以仁政德治为核心的治国方略。

民本思想是儒家政治思想的重要组成部分，尤其在孟子的政治思想中占有突出的位置。孟子曾提出"民为贵，社稷次之，君为轻"。这种看重民众的思想是时代的产物，较之独裁专制思想是一种进步。《吕氏春秋》吸收了儒家的这种思想，并使之成为自己政治理论的重要方面。前文讲到君主的产生，是出于利群的目的，群就是民众，利群就是君主本分。《用众》说："凡君之所以立，出乎众也。立已定而舍其众，是得其末而失其本。得其末而失其本，不闻安居。"所以《吕氏春秋》认为民众是国家安危存亡的关键。《务本》说："主之本在于宗庙，宗庙之本在于民。"《爱类》说："人主有能以民为务者，则天下归之矣。"君主能为人民着想，为百姓考虑，人民就会拥戴他，归向他。君主要建立功名，必须顺应民心，了解人民希望什么，喜欢什么。《顺民》说："先王先顺民心，故功名成。"

又说:"故凡举事,必先审民心,然后可举。"《简选》说:"(汤灭夏之后)遂其贤良,顺民所喜,远近归之,故王天下。"《简选》《慎大》两篇都讲到周武王胜殷后,召见殷之遗老,询问他们百姓喜欢什么,想要什么。遗老说,他们希望恢复盘庚时的政治。于是周武王就恢复盘庚的政治,打开巨桥的粮仓,散发鹿台的钱财,以向人民显示没有私心。《顺民》说到,"文王非恶千里之地,以为民请炮烙之刑,必欲得民心也。得民心则贤于千里之地"。周文王拒绝接受纣赐予的千里之地,而为人民请求废除炮烙之刑。炮烙之刑是商纣施行的一种酷刑,人民恨之入骨,文王请求废除炮烙之刑,自是一种顺民心的善举,也是得民心的善政。周文王切实地为人民攘除灾祸,创造福祉,所以能得到人民的拥护。《适威》说:"古之君民者,……务除其灾,思致其福。"爱民利民的方式,要随时而异。《爱类》说:"民寒则欲火,暑则欲冰,燥则欲湿,湿则欲燥。寒暑燥湿相反,其于利民一也。利民岂一道哉?当其时而已矣!"

《吕氏春秋》在民本思想的基础上,提出了以德治为主以赏罚为辅的大政方针。这与秦国传统所奉行的严刑苛法具有本质上的区别。《吕氏春秋》特别强调德治。它认为用什么方法治理,就会收到什么样的结果。《用民》说:"夫种麦而得麦,种稷而得稷,人不怪也。用民亦有种,不审其种,而祈民之用,惑莫大焉。"用民就像种庄稼一样,种瓜得瓜,种豆得豆,君主用什么方法对待百姓,百姓就用什么态度对待君主。因此,施行德政是君主首要的任务。君主施行德政,爱护人民,人民就乐意为君主以死效力。《爱士》说:"行德爱人,则民亲其上,民亲其上,则皆乐为其君死矣。"

《吕氏春秋》认为,以德治国,就会主道畅通,无往不胜。《上德》说:"为天下及国,莫如以德,莫如行义。以德以义,不赏而民劝,不罚而邪止。此神农、黄帝之政也。以德以义，则四海之大，江河之水，不能亢矣；太华之高，会稽之险，不能障矣；阖庐之教，孙、吴之兵，不能当矣。”用德义治理天下和国家，不用赏赐，人民就主动向前，不用刑罚，邪恶就自然止息。用德义治理天下和国家，大水高山，精兵练卒，都无法阻挡。德义之力，无穷无尽。所以说，德政，是治国的根本，是万民的主宰。《精通》说：“德也者万民之宰也。”

《吕氏春秋》认为，在以德施政的前提下，赏罚可以作为一种辅助手段。秦国自商鞅以来的传统是以严刑厚赏去驱使民众，使民众为君主拼死效力。《吕氏春秋》坚决反对这种政策，认为赏罚只是一种辅助手段，而不应该是政策的主体。《用民》说：“凡用民，太上以义，其次以赏罚。”赏罚作为德治的辅助手段还是必须的，《义赏》说：“赏罚之柄，此上之所以使也。其所以加者义，则忠信亲爱之道彰。久彰而愈长，民之安之若性，

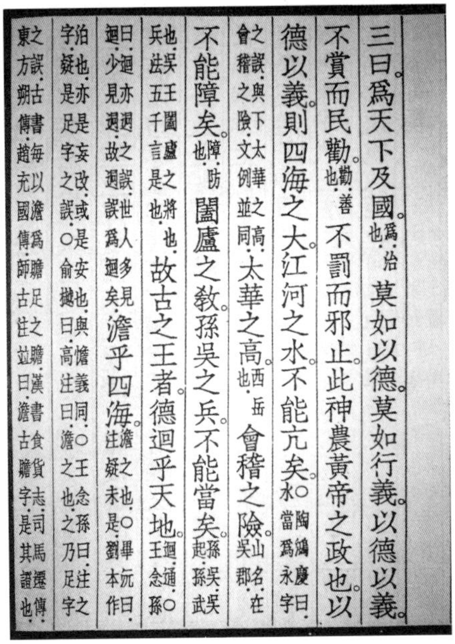
三日。爲天下及國。爲·治也·莫如以德。莫如行義。以德以義。
不賞而民勸。勸·善也·不罰而邪止。此神農黃帝之政也。以
德以義。則四海之大。江河之水。不能亢矣。○陶鴻慶曰·水當爲永字
之誤·與下太華之高·會稽之險·文例並同·太華之高。西岳也·會稽之險。山名·在吳郡·
不能障矣。障·防也·闔廬之教。孫吳之兵。不能當矣。孫吳·吳起·孫武
也·吳王闔廬之將也·兵法五千言是也·故古之王者。德迴乎天地。迴通·○王念孫
曰·迴亦週之誤·世人多見迴·少見週·故週誤爲迴矣·澹乎四海。澹之也·○畢沅曰·注疑未是·劉本作
泊也·亦是妄改·或是安也·與憺義同·○王念孫曰·注之字·疑是足字之誤·○俞樾曰·高注曰·澹之也之乃足字之
之誤·古書每以澹爲贍·足之贍·漢書食貨志·司馬遷傳·東方朔傳·趙充國傳·師古注並曰·澹古贍字·是其證也·

图十 《吕氏春秋·上德》

此之谓教成。教成，则虽有厚赏严威弗能禁。故善教者，义以赏罚而教成，教成而赏罚弗能禁。”又说：“故赏罚之所加，不可不慎。”这里是说，赏罚的权柄，是君主役使百姓的工具。施加的标准符合义，人们忠诚守信互相亲爱的原则就会彰明。时间长了，百姓遵守它就像是出于本性一样。这就叫作教化成功。善于教化的人，一定要以义为赏罚的标准。赏罚的标

准不能是君主主观上的爱恶，《当赏》说："凡赏非以爱之也，罚非以恶之也，用观归也。所归善，虽恶之，赏；所归不善，虽爱之，罚。"这里的"归"是指行为导致的结果，"所归善"即行为导致的结果好，"所归不善"即行为导致的结果不好。这才是施用赏罚的标准。施行赏罚，赏罚的内涵是什么呢？《用民》说："为民纪纲者何也？欲也恶也。何欲何恶？欲荣利，恶辱害。辱害所以为罚充也，荣利所以为赏实也。赏罚皆有充实，则民无不用矣。"君主的赏罚，必须言之有信，不可出尔反尔。《慎小》讲吴起治理西河时，令人在南门外立一根木桩，号令全城说："明天，有能扳倒木桩者，授予上大夫。"人们都不信，没人去扳。后来有一个把木桩扳倒了，吴起果真授予他上大夫之职。"自是之后，民信吴起之赏罚。赏罚信乎民，何事而不成？"《贵信》说："赏罚不信，则民易犯法，不可使令。"赏罚不信，就使民无所遵循，从而不听使令。赏罚作为一种辅助手段，不可无有，也不足专恃。《用民》说："故威不可无有，而不足专恃。譬之若盐之于味，凡盐之用，有所托也，不适，则败托而不可食。"这个比喻十分形象地说明威罚不可过分。它又说："威太甚则爱利之心息，爱利之心息而徒疾行威，身必咎矣。"它反对以赏罚替代德政，认为过度的赏罚只是衰世的表现。所以《上德》说："严罚厚赏，此衰世之政也。"

在《吕氏春秋》的德治思想中，教育和音乐占有特别突出的地位。三夏纪中集中阐述了教育和音乐对治国的重要作用。《吕氏春秋》认为，教育主要有两个方面，一个是学，一个是教。学则包括善学和尊师。《吕氏春秋》把善学提到十分高的程度。《尊师》说："能全天之所生而勿败之，是谓善学。"比较一下《本生》所说"能养天之所生而勿撄之，谓天子"，可见对善学的重视。它认为，学习就是使人通达天性。"且天生人也，而使其耳可以闻，不学，其闻不若聋；使其目可以见，不学，其见不若盲；使其口可以言，不学，其言不若爽；使其心可以知，不学，其知不若狂"（《尊师》）。天生人之器官，可以闻，可以见，可以言，可以知，但所闻、所见、所言、所知，皆善恶浑沌，必须要经过学习去分辨，去筛选，择其善者而从之，其不善者而舍之。因此它特别强调学习，学习可以使人知晓礼义。《劝学》说："不知理义，生于不学。"关于尊师，《尊师》篇说到古代十圣人、六贤者都是由尊师而成就事业的。"神农师悉诸，黄帝师大挠，帝颛顼师伯夷父，帝喾师伯招，帝尧师子州支父，帝舜师许由，禹师大成贽，汤师小臣，文王、武王师吕望、周公旦，齐桓公师管夷吾，晋文公师咎犯、随会，秦穆公师百里奚、公孙枝，楚庄王师孙叔敖、沈尹巫，吴王阖闾师伍子胥、文之仪，越王勾践师范蠡、大夫种。此十圣人、六贤者未有不尊师者也。今尊不至于帝，智不至于圣，而欲无尊师，奚由至哉？"从这里也可以看出师之重要。《吕氏春秋》还专门论述了老师的重要作用以及为师的原则与方法。《诬徒》说："达师之教也，使弟子安焉，乐焉，休焉，游焉，肃焉，严焉。此六者得于学，则邪辟之道塞矣，理义之术胜矣。"又说："善教者则不然，视徒如己，反己以教，则得教之情矣。所加于人，必可行于己，若此则师徒同体。"

《吕氏春秋》十分重视音乐的教化之功。它认为音乐有潜移默化移风易俗的作用。在作为天子行动准则的十二纪纪首中多次讲到天子对音乐的重视。《孟春》："命乐正入学习舞。"《仲春》："上丁，命乐正入舞舍采，天子乃率三公九卿诸侯亲往视之。中丁，又命乐正入学习乐。"《季春》："择吉日大合乐，天子乃率三公九卿诸侯大夫亲往视之。"《孟夏》："乃命乐师习合礼乐。"《季秋》："上丁，入学习吹。"《季冬》："命

乐师大合吹而罢。"等等。天子为什么如此重视音乐呢？这是因为他认为
音乐与政治、与风化有着十分密切的联系。音乐的作用是"移风平俗"，《适
音》说："凡音乐通乎政，而移风平俗者也。俗定而音乐化之矣。……故
先王之制礼乐也，非特以欢耳目，极口腹之欲也，将教民平好恶、行理义也。"
《音初》说："凡音者，产乎人心者也。感于心则荡乎音，音成于外而化
乎内。"这就是说，音乐是人内心情感的流露，心有所感而形成音乐表达
出来，而内心里则受到一种神奇的潜移默化的作用，收到移风易俗的功效。
《吕氏春秋》从音乐的教化作用着眼，提倡适音，反对侈乐。《适音》说：
"何谓适？衷，音之适也。何谓衷？大不出钧，重不过石，小大轻重之衷
也。……衷也者，适也。以适听适则和矣。"所谓"以适听适"，就是用
舒畅的心情听适度的音乐，从而达到"和"的境界。侈乐就是过度的音乐，
《侈乐》说："夏桀、殷纣作为侈乐，大鼓钟磬管箫之音，以巨为美，以
众为观，……务以相过，不用度量。宋之衰也，作为千钟；齐之衰也，作
为大吕；楚之衰也，作为巫音。侈则侈矣，自有道者观之，则失乐之情。"
又说："故乐愈侈，而民愈郁，国愈乱，主愈卑，则亦失乐之情矣。"由
此看来，音乐也是国家政治反映，从音乐可以看出政治的状况。《适音》说：
"故有道之世，观其音而知其俗矣，观其俗而知其政矣，观其政而知其主
矣。"又说："故治世之音安以乐，其政平也；乱世之音怨以怒，其政乖也；
亡国之音悲以哀，其政险也。"正因为音乐对政治有这么大的作用，所以
在《吕氏春秋》的德治中，音乐占有十分突出的位置。

三、义兵统一

《吕氏春秋》首次提出"义兵"的理论。战国七雄经过长期的战争，
到战国后期，秦国统一天下的趋势已经逐步明朗，但采取什么方式统一天

下，是作为秦国最有权势的相国吕不韦不得不认真考虑的。用什么方式统一天下，更有利于统一后的治理，是应该特别重视的问题。孟子曾经提出过"王道"，所谓"王道"，是与当时的"霸道"相对立的，"霸道"主张用武力称霸诸侯，统一天下。孟子曾说："仲尼之徒无道桓文之事者，是以后世无传焉，臣未之闻也。"（《孟子·梁惠王上》）可见他是反对霸道的。他主张用"王道"统一天下，所谓"王道"，就是用政治，用德的感召力去统一天下。这种主张在当时是不切实际的空想，所以没有得到任何一个国家的响应。秦国当时的做法，秉承了秦国的传统，以斩首立功为原则，对各国施行暴虐的征伐，斩首俘虏，坑杀降卒。吕不韦反对秦国这种暴虐征伐，反对这种野蛮杀戮，因为他不是为征伐而征伐，他是为统一天下，将来秦国是天下之主，他必须要六国百姓看到，秦国的军队就像周武王伐纣的军队一样，是保护他们的，是救他们于水火之中的。当时各国人民正处在水深火热的境地，要想统一天下，必须改变对人民的态度和做法。《功名》说："今之世，至寒矣，至热矣，而民无走者，取则行钧也。欲为天子，所以示民，不可不异也。"吕不韦经过认真的考虑，吸收各方面可取的成分，提出独特的义兵理论，作为他统一天下的方略。

《吕氏春秋》的"义兵说"，是以"义"为标准的军事行动。吕不韦认为，秦国要统一天下，完全用王道的政治手段不可能，必须有军事行动，也就是说，必须用兵。但他的用兵又不同于秦国以前以侵掠为目的、以杀戮为手段的用兵。他的用兵是要以"义"为指导思想和行动准则的"义兵"。"义兵"的标志是"诛暴君以振苦民"。《荡兵》说："兵诚义，以诛暴君而振苦民，民之说之，若孝子之见慈亲也，若饥者之见美食也，民之号呼而走之，若强弩之射于深溪也，若积大水而失其雍堤也。"这样的义兵是符合人民意志的，是得到各国人民拥护的。《振乱》说："故义兵至，则世主不能有其民矣，人亲不能禁其子矣。"又说："天下之民且死者也而生，且辱者也而荣，且苦者也而逸。"为了义兵的施行，必须展开对当时流行的一些错误论调，最主要的是"偃兵说""救守说"的批判。所谓"偃兵"就是停止用兵，止息战争。这种"偃兵"是不分义与不义的一概反对用兵，吕不韦认为是不可取的，历史上也是不存在的。《荡兵》反复强调"古之圣王有义兵而无有偃兵"，它说："夫兵之不可偃也，譬之若水火然，善用之则为福，不能用之则为祸；若用药者然，得良药则活人，得恶药则杀人。义兵之为天下良药也亦大矣。"与"偃兵说"类似的是"非攻""救守"说。"非攻"反对一切进攻，"救守"主张救助防守的一方，他们的要害是，不问"攻"和"守"是否符合正义，一概而论之。《吕氏春秋》坚决反对这种不分义与不义的"非攻"和"救守"。《吕氏春秋》认为，天下之民在苦难之中，等待秦国义兵去解救，这正与秦国统一进程相一致，因此"非攻"与"救守"之说不可取。《振乱》说："当今之世浊甚矣，黔首之苦不可以加矣。"《禁塞》说："夫救守之心，未有不守无道而救不义也。守无道而救不义，则祸莫大焉，为天下之民害莫深焉。"《吕氏春秋》主张义兵的攻伐，《振乱》说："夫攻伐之事，未有不攻无道而罚不义也。攻无道而罚不义，则福莫大焉，黔首利莫厚焉。"义兵进入他国，只诛暴君，而保护百姓。《怀宠》说："故克其国，不及其民，独诛所诛而已。"又说："故兵入于敌之境，则民知所庇矣，黔首知不死矣。"《吕氏春秋》认为，攻伐与救守之间，有一个义与不义的问题，义兵则不论攻伐或者救守，都是可取的，否则都不可取。《禁塞》说："兵苟义，攻伐亦可，救守亦可；兵不义，攻伐不可，救守不可。"《吕氏春秋》这种区分战争性质从而决定去取的思想，在当时具有进步意义。《吕氏春秋》强调义兵的重要性、战争的性质决定其胜负的前提下，也很重视军队的素质及装备的作用。《决胜》说："夫兵有本干，必义，必智，必勇。"这就是说，战争的胜负除了它是否合乎正义之外，就取决于人的智慧和勇敢了。它在强调人的作用的同时，也十分重视物质的作用，《简选》说："凡兵势险阻，欲其便也；兵甲器械，欲其利也；选练角材，欲其精也；统率士民，欲其教也。此四者，义兵之助也。"《吕氏春秋》的义兵理论，不只看重精神层面的"义"，也看重物质层面的人的素质和装备的精良，这就是秦兵能战胜六国、统一天下的重要根据。

总之，《吕氏春秋》的政治思想是以儒家思想为主导，以被改造了的道家思想为基础，兼采各家对它有用的成分融合而形成的吕氏独特的政治思想。这种思想的产生顺应了时代发展的需要。不管秦王朝二世而亡是否与秦始皇否定了《吕氏春秋》的政治主张有关，汉初的文景之治与《吕氏春秋》政治理论的某些思想上的联系，是显然而无疑的。

第四章 　《吕氏春秋》保留大量史料和 科学文化资料

第一节 　《吕氏春秋》保留的先秦史料

《吕氏春秋》初衷以为史书，自然保存了大量先秦特别是六国史料。冯友兰说："以此书为史，则其所纪先哲遗说，古史旧闻，虽片言只字，亦可珍贵。故此书虽非子书之要籍，而实乃史家之宝库也。"（许维遹《吕氏春秋集释》序）《吕氏春秋》所保存的先秦史料，是研究春秋战国史的宝贵资料，研究春秋战国史的著作已多所利用，如杨宽的《战国史》即大量引用《吕氏春秋》所保留的珍贵史料，我们不复列举。

第二节 　《吕氏春秋》保留的天文历法资料

《吕氏春秋》保留了很多很有价值的天文历算等方面的资料。中国古代是完全的农业社会，靠种植五谷为生，因此气候的变化对农业生产有直接的影响。所以，很早就开始观察天象，根据所观测到的日月星辰的运行，推算历法，指导农业生产。《贵因》说："夫审天者，察列星而知四时，因也；推历者，视月行而知晦朔，因也。"它保留了古代盖天说的资料。古人认为天是圆形的，地是方形的，天笼罩在地上。《圜道》说："天道圜，地道方。"它记录了日月星辰运行的情况，《有始》说："冬至日行远道"，"夏至日行近道"，"极星与天俱游，而天极不移"。《吕氏春秋》完整地记录了九野、二十八宿的名称。《有始览》中提到：

> 何谓九野？中央曰钧天，其星角、亢、氐；东方曰苍天，其星房、心、尾；东北曰变天，其星箕、斗、牵牛；北方曰玄天，其星婺女、虚、危、营室；西北曰幽天，其星东壁、奎、娄；西方曰颢天，其星胃、昴、毕；西南曰朱天，其星觜巂、参、东井；南方曰炎天，其星舆鬼、柳、七星；东南曰阳天，其星张、翼、轸。

这九野的名称及划分，这二十八宿的名称，在传世文献中，都是首次完整出现。《吕氏春秋》中还出现与九野、二十八宿相对应的九州，是为了说明天人之间存在一种感应关系，古人称之为"分野"，比如《制乐》中的"荧惑守心"，宋国是心宿的分野，天上心宿出现异常天象，表明地上的宋国君主将会有灾祸。不过，《吕氏春秋》没有详细罗列这些分野具体对应关系。《吕氏春秋》为了说明至乱之世会产生很多妖孽现象，这些现象多是怪异的天象以及怪异的星星。《明理》说：

> 其云状有若犬、若马、若白鹄、若众车；有其状若人，苍衣赤首，不动，其名曰天衡；有其状若悬旌而赤，其名曰云旌；有其状若众马以斗，

其名曰滑马；有其状若众植蘽以长，黄上白下，其名蚩尤之旗。其日
有斗蚀，有倍僪，有晕珥，有不光，有不及景，有众日并出，有昼盲，
有霄见。其月有薄蚀，有晖珥，有偏盲，有四月并出，有二月并见，
有小月承大月，有大月承小月，有月蚀星，有出而无光。其星有荧惑，
有彗星，有天棓，有天欃，有天竹，有天英，有天干，有贼星，有斗
星，有宾星。其气有上不属天、下不属地，有丰上杀下，有若水之波，
有若山之楫；春则黄，夏则黑，秋则苍，冬则赤。

这些怪异的天象，不一定真的出现过，不一定真实，但对于研究古代
天文学或许有某些参考价值。

它还在十二月纪中按月记载了每月太阳、月亮所在的位次，以及与之
相应的自然界的物候特征；还记录了人们根据物候与生产制定节气的原始
形态，如"立春""蛰虫始振""始雨水""立夏""小暑""日长至""潦
暑""立秋""白露""霜始降""立冬""日短至"等等。这些就是传
统的二十四节气的部分雏形，虽然还不很完备，但对指导农业生产有着积
极的意义。这些对研究古代的气候以及生产与气候的关系也是很有用处的。

《吕氏春秋》还记录了远古历法产生的历史，《勿躬》说："大桡作
甲子，黔如作蔀首，容成作历，羲和作占日，尚仪作占月，后益作占岁……"

第三节 《吕氏春秋》保留的卫生养生资料

《吕氏春秋》保存了很多古代卫生医学方面的知识。《吕氏春秋》的
主旨思想是法天地，不光是治国家、理天下要法天地，养生保健也要贯彻

这一思想，也要法天地。人的生命是自然赋予的，《本生》说："始生之者，天也。"因此，人要生存，就要顺应自然的法则，自然的规律。《吕氏春秋》对人生的认识，是唯物的，没有丝毫神秘的色彩。人是自然万物中的一员，有生必有死，《吕氏春秋》毫不讳言。《节丧》说："凡生于天地之间，其必有死，所不免也。"《吕氏春秋》的卫生养生观是建立在这种生死观之上的。

在如何对待生命的认识上，《吕氏春秋》特别强调生命是人生的根本。它在全书除月纪外第一篇专设《本生》，可见其重视。它在《贵生》中说："圣人深虑天下，莫贵于生。"又说："道之真，以持身。"这就是说，生命是第一重要的。而人的生命是有定数的，人要尽力达到这个定数，即人们所谓的长寿。所谓长寿，不是人为地去增加寿命，而是达到自然的定数。《尽数》说："长也者，非短而续之也，毕其数也。"按照当时人们的寿命，这个定数大约是《安死》所说"人之寿，久之不过百，中寿不过六十"。"毕其数"，不过早地夭折，就要依据自然的法则取利去害，《尽数》说："天生阴阳寒暑燥湿、四时之化、万物之变，莫不为利，莫不为害。圣人察阴阳之宜，辨万物之利以便生，故精神安乎形，而年寿得长焉。"又说："毕数之务，在乎去害。何谓去害？大甘、大酸、大苦、大辛、大咸，五者充形则生害矣；大喜、大怒、大忧、大恐、大哀，五者接神则生害矣；大寒、大热、大燥、大湿、大风、大霖、大雾，七者动精则生害矣。"所谓取利，就是要利用阴阳之宜、万物之利以养生。所谓去害，就是要在饮食、精神等方面注意节制，不得过分。在饮食方面，《吕氏春秋》提出一些具体的要求，要食能按时，要不饥不饱，这样才能保养五藏；不要吃厚味烈酒。《尽数》说："凡食之道，无饥无饱，是之谓五藏之葆。"《本生》说："肥肉厚酒，务以自强，命之曰烂肠之食。"《重己》说："味众珍则胃充，胃充则中大鞔，中大鞔而气不达。"在情欲方面，《吕氏春秋》认为必须有所节制。《贵生》说："耳目鼻口，不得擅行，必有所制。"《情欲》说："圣人修节以止欲，故不过行其情也。"《本生》说："靡曼皓齿，郑卫之音，务以自乐，命之曰伐性之斧。"情欲，不得擅行，要适度。《重己》说："凡生之长也，顺之也；使生不顺者，欲也。故圣人必先适欲。"这是说，生命能够长久，是顺应了自然的规律；使生命不能顺应自然规律的，是情欲。圣人必定先使情欲适度。总之，对于饮食情欲，对于声色滋味，"利于性则取之，害于性则舍之"，才是"全性之道"。

《吕氏春秋》认为人的器官各有各的生理要求，肌肤要求致密，血脉要求畅通，筋骨要求强固，心志要求和顺，精气要求流行，能够满足它们的生理要求，疾病就不会发生了。《达郁》说："凡人三百六十节，九窍五藏六府。肌肤，欲其比也；血脉，欲其通也；筋骨，欲其固也；心志，欲其和也；精气，欲其行也。若此则病无所居，而恶无由生矣。病之留、恶之生也，精气郁也。"这里特别提到血脉的流通，精气的畅行，就要求运动，不运动，精气郁结，自然就会生病。《尽数》说："流水不腐，户枢不蝼，动也。形气亦然，形不动则精不流，精不流则气郁，郁处头则为肿、为风，处耳则为挶、为聋，处目则为蔑、为盲，处鼻则为鼽、为窒，处腹则为张、为疛，处足则为痿、为蹷。"《本生》说："出则以车，入则以辇，务以自佚，命之曰招蹷之机。"

《吕氏春秋》注重养生，它认为只靠用服药就医的方法却除疾病，是不得已的下策。《尽数》说："故巫医毒药，逐除治之，故古之人贱之也，为其末也。"这个思想与现代的预防医学是一脉相承的，有很好的参考价值。

第四节 《吕氏春秋》保留的古代音乐资料

《吕氏春秋》保留的音乐资料可以分为两类，一类是音乐产生的历史，一类是乐律。

《吕氏春秋》认为，音乐的由来十分久远，它产生于太一，《大乐》："音乐之所由来者远矣，生于度量，本于太一。"《吕氏春秋》保存有原始音乐的形态，音乐与舞蹈是相应的，音乐起源于人类对自然声音的模仿，舞蹈则是动作的配合，或是对动物动作的模仿，都是为宣泄情感。《古乐》详细记载了远古音乐、舞蹈的情况。

昔古朱襄氏之治天下也，多风而阳气畜积，万物散解，果实不成，故士达作为五弦瑟，以来阴气，以定群生。

昔葛天氏之乐，三人操牛尾，投足以歌八阕：一曰载民，二曰玄鸟，三曰遂草木，四曰奋五谷，五曰敬天常，六曰达帝功，七曰依地德，八曰总万物之极。

昔阴康氏之始，阴多，滞伏而湛积，阳道雍塞，不行其序，民气郁阏而滞著，筋骨瑟缩不达，故作为舞以宣导之。

昔黄帝令伶伦作为律。伶伦自大夏之西，乃之昆仑之阴，取竹于嶰溪之谷，以生空窍厚钧者，断两节间——其长三寸九分——而吹之，以为黄钟之宫，吹曰舍少。次制十二筒，以之昆仑之下，听凤皇之鸣，以别十二律。其雄鸣为六，雌鸣亦六，以比黄钟之宫，适合；黄钟之宫皆可以生之。故曰："黄钟之宫，律吕之本。"黄帝又命伶伦与荣将铸十二钟，以和五音，以施英韶。以仲春之月，乙卯之日，日在奎，始奏之，命之曰咸池。

帝颛顼生自若水，实处空桑，乃登为帝。惟天之合，正风乃行，其音若熙熙凄凄锵锵。颛顼好其音，乃令飞龙作乐，效八风之音，命之曰承云，以祭上帝。乃令鱓先为乐倡。鱓乃偃寝，以其尾鼓其腹，其音英英。

帝喾命咸黑作为声，歌九招、六列、六英。有倕作为鼙、鼓、钟、磬、笭、管、埙、篪、鞀、椎、（钟）[衡]。帝喾乃令人抃，或鼓鼙，击钟磬，吹笭，展管篪。因令凤鸟、天翟舞之。帝喾大喜，乃以康帝德。

帝尧立，乃命质为乐。质乃效山林溪谷之音以歌，乃以麋鞈置缶而鼓之，乃拊石击石，以象上帝玉磬之音，以致舞百兽。瞽叟乃拌五弦之瑟，作以为十五弦之瑟。命之曰大章，以祭上帝。

舜立，命延，乃拌瞽叟之所为瑟，益之八弦，以为二十三弦之瑟。帝舜乃令质修九招、六列、六英，以明帝德。

禹立，勤劳天下，日夜不懈，通大川，决壅塞，凿龙门，降通漻水以导河，疏三江五湖，注之东海，以利黔首，于是命皋陶作为夏籥九成，以昭其功。

这里可以看出，原始音乐、舞蹈皆与生活息息相通，音乐、舞蹈的产生，是为人们调节阴阳之气，建立适宜的生存环境。如朱襄氏时，阳气畜积，果实不成，所以士达创制五弦瑟，以来阴气；阴康氏时，阴气繁盛，沉积凝滞，阳气阻塞不通，民气抑郁，筋骨不舒，所以制作舞蹈来加以宣导。音乐起源于人类对自然声音的模仿，比如帝颛顼喜欢风的声音，就命令飞龙作音乐效仿八风之音；帝尧命质作乐，质于是效仿山林溪谷之音而做成歌曲；黄帝还曾命伶伦作律，伶伦则根据凤凰的鸣叫，制定十二律音高标准。这些虽然是古老的传说，但从这些传说可以看出古人对音乐起源的认识。关于原始音乐内容，葛天氏时期操牛尾投足而歌八阕，反映了原始人畜牧和农耕的生活；大禹带领人民战胜洪水，于是制作乐舞，歌颂治水的英雄。这些内容反映了原始音乐与生活的关系。

《吕氏春秋》认为，音乐的由来十分久远，不是由某一个时代所创制的。

《吕氏春秋》记载了乐律的产生、内容及推算的方法。乐律产生于度量，即律管的长度，《古乐》说："黄帝令伶伦作为律。伶伦自大夏之西，乃之昆仑之阴，取竹于嶰溪之谷，以生空窍厚钧者，断两节间——其长三寸九分——而吹之，以为黄钟之宫，吹曰舍少。次制十二筒，以之昆仑之下，听凤皇之鸣，以别十二律。其雄鸣为六，雌鸣亦六，以比黄钟之宫，适合；黄钟之宫皆可以生之。故曰：'黄钟之宫，律吕之本。'"律管的长度决定音律，而律吕的区分，则根据凤凰雌雄不同的鸣叫声来确定。《音律》篇详细说明十二律及其相生的三分损益法。它说："黄钟生林钟，林钟生太蔟，太蔟生南吕，南吕生姑洗，姑洗生应钟，应钟生蕤宾，蕤宾生大吕，大吕生夷则，夷则生夹钟，夹钟生无射，无射生仲吕。三分所生，益之一分以上生；三分所生，去其一分以下生。黄钟、大吕、太蔟、夹钟、姑洗、仲吕、蕤宾为上，林钟、夷则、南吕、无射、应钟为下。"

《吕氏春秋》对音乐起源、原始音乐的记叙，以及对音律产生及其三分损益法的记叙，都是研究音乐史的可贵资料。

第五节 《吕氏春秋》保留的农业生产资料

《吕氏春秋》有四篇专门讲述农业思想与农业技术的文章，《上农》主要讲述农业思想，《任地》《辩土》《审时》主要讲述农业生产技术。《上农》讲的农业思想和农业政策，是与当时的生产力水平相适应的。它认为农业是国家的根本，"古先圣王之所以导其民者，先务于农"。重视农业不只是为了获得土地生产之利，更重要的是使农民淳朴易用，死其处而不轻徙。因此提出不少有利农业生产的政令，主要是不违农时。比如它说："故当时之务，不兴土功，不作师徒，庶人不冠弁、娶妻、嫁女、享祀，不酒醴聚众；农不上闻，不敢私籍于庸：为害于时也。"诸如此类的政令还有不少，都是为保证农时，不被他事干扰。《吕氏春秋》的重农与秦传统的重农是有区别的，它重农但不抑工商。它说："凡民七尺以上，属诸三官：农攻粟，工攻器，贾攻货。"

《任地》等三篇集中讲述了农业生产技术，其中包括对不同的土地要选择不同的耕作时间，施用不同的耕作方法，对不同的土地要加以不同的利用以使土地各尽其宜。比如《辩土》说："凡耕之道，必始于垆，为其寡泽而后枯；必厚其靫，为其唯厚而及；硗者粪之，坚者耕之泽其靫而后之。"《任地》说："凡耕之大方：力者欲柔，柔者欲力；息者欲劳，劳者欲息；棘者欲肥，肥者欲棘；急者欲缓，缓者欲急；湿者欲燥，燥者欲湿。"这就是说，要分辨土地的情况，然后决定什么土地早耕，什么土地缓耕；对各种不同的土质要加以改良，使之适宜种植。关于耕种方法，《任地》说："上田弃亩，下田弃畎。五耕五耨，必审以尽。其深殖之度，阴土必得。大草不生，又无螟蜮。"这就是说播种时高的田地不要做高畦，低的田地不要做凹畦。播种前要反复耕锄，要适当深耕，这样就不会长杂草，也不会生害虫。《审时》说："人稼之容足，耨之容耨，据之容手。此之谓耕道。"这就是说，耕作要不疏不密，要做到田里能下得去脚，锄地时能放得下耨，收摘要插得进手。它还特别强调种植五谷一定要审察时节，只有这样才能使籽粒饱满，取得丰收。它在《审时》篇中分别详细记叙了禾、黍、稻、菽、麦等农作物适时种植就能长势好，籽粒饱满，吃起来有香味，同时讲到不适时种植的危害。所以它得出结论："得时之稼兴，失时之稼约。"

《吕氏春秋》所讲的这些农业生产的知识对于研究战国时期农业发展的情况是不可多得的宝贵资料。

第六节　《吕氏春秋》体现的语言资料

《吕氏春秋》所运用的语言，是战国末期的通语。从《吕氏春秋》的语言，可以看出这个时期的汉语已经十分成熟，汉语的两大特色，一是虚词，一是语序，它已经具备。先师周燕孙（祖谟）先生说过，从《吕氏春秋》的语言看，历代文言文的基础已经成形了。

我们仅从词汇与词义方面举几个例子，看看《吕氏春秋》语言的特点。《吕氏春秋》出现一些战国末期产生的新词、新义。比如"插"。《说文》："插，刺内也。"（据小徐本及段注本）此字此义在先秦其他文献中未见，《吕氏春秋·贵卒》叙述楚悼王死后，楚贵族相与射吴起，吴起"拔矢而走，伏尸插矢而疾言曰：群臣乱王"，是第一次用到这个字、这个意义。又比如"瞚"。《说文》："瞚，开阖目数摇也。"即眨眼的意思。这个意义，先秦文献中，仅《庄子·庚桑楚》出现一次，"终日视而目不瞚"。再就是《吕氏春秋·按死》出现一次，"夫死，其视万岁犹一瞚也"。一瞚就是一眨眼的功夫。后来这个意义又写作"瞬"。

《吕氏春秋》中还有新的复音词出现，比如"遗老"，《简选》："显贤者之位，进殷之遗老，而问民之所欲。"《慎大》："命周公旦进殷之遗老，而问殷之亡故，又问众之所说，民之所欲。殷之遗老对曰……""遗老"在此指前代的旧臣或长者。此前的文献没有这个词、这个意义。《孟子》中有"遗老"连文的情况，但那是词组，是遗弃老人的意思，与此完全不同。又如"音乐"，《大乐》："音乐之所由来者远矣。"《适音》："凡音乐，通乎政而移风平俗者也。"又："俗定而音乐化之矣。"又："故先王必托于音乐以论其教。"这里"音乐"是一个复音词，其意义与后代无别。先秦文献中只屈原《远游》有一例，"音乐博衍无终极矣"，是指五音而言。《吕氏春秋》的"音乐"是一个新词。

《吕氏春秋》讲到的一些故事，后世形成很多脍炙人口的成语，丰富了汉语的内涵。比如"刻舟求剑"。《察今》记载这样的故事：

> 楚人有涉江者，其剑自舟中坠于水，遽契其舟，曰："是吾剑之所从坠。"舟止，从其所契者入水求之。舟已行矣，而剑不行，求剑若此，不亦惑乎？

这个故事，深刻说明，事物是不断发展的，不能墨守成规。不顾时势的变化而墨守成规，就如同这个在船上刻了记号的人，在船停后下水去找剑一样，一定是徒劳无功的。

《察今》还记载这样一个故事：

> 荆人欲袭宋，使人先表澭水。澭水暴益，荆人弗知，循表而夜涉，溺死者千有余人，军惊而坏都舍。向其先表之时可导也，今水已变而益多矣，荆人尚犹循表而导之，此其所以败也。

这个故事，后来形成一个成语：循表夜涉。这个成语也是警示人们，不要因循守旧，要随时考察事物的变化，采取相应的办法，否则就像荆国军队那样，不考察河水的变化，仍按照原有的标记夜间渡河，结果大批被淹死。

《吕氏春秋》中有些词语，后世直接用作成语，如：竭泽而渔，焚薮而田。《义赏》说：

> 竭泽而渔，岂不获得，而明年无鱼。焚薮而田，岂不获得，而明年无兽。

这两个成语是警示人们，不能只顾眼前利益，不作长远考虑。

第五章 《吕氏春秋》的版本流传

第一节 《吕氏春秋》高诱注本

一、元至正嘉兴路儒学刊本及元至正嘉禾学宫刊明补修本

现存的《吕氏春秋》多为汉末高诱注本，最早为元至正间刻本。元至正本有嘉兴路儒学刊本、嘉禾学宫刊明补修本两个版本。这两个版本皆出于宋刻本，而宋刻本已无传。我们从元刻本所载《镜湖遗老记》和郑元祐序中可以看到一些宋本的端倪。镜湖遗老即北宋哲宗时之庆湖遗老贺铸。《镜湖遗老记》中说："元祐壬申（1092 年），余卧病京师，喜得此书，每药艾之间手校之。自秋涉冬，朱黄始就，即为一客挟之而去。后三年见归，而颇有欲得色，余亦心许之。得官江夏，因募笔工录之，竟以手校本寄欲得者云。"考贺铸生平，元祐三年，公元 1088 年，贺铸任和州管界巡检，后不久经苏轼等人推荐，改任承事郎，为常侍。旋请任闲职，改监北岳庙。绍圣二年，公元 1095 年，授江夏宝泉监。这些，与《镜湖遗老记》所云贺铸经历正相吻合。《宋史·文苑传》说贺铸"家藏书万余卷，手自校雠，无一字误，以是杜门将遂其老"。亦与《镜湖遗老记》贺铸校书事相合。《宋史》又说贺铸"出王子庆忌，以庆为姓，居越之湖泽所谓镜湖者，本庆湖也。

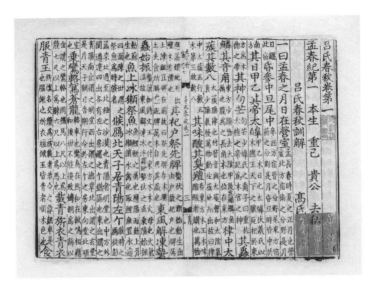

图十一 元至正嘉兴路儒学刊本《吕氏春秋》

图十二 元至正嘉兴路儒学刊本
明补修本《吕氏春秋》

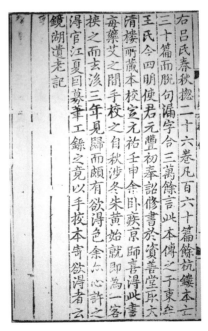

图十三 《镜湖遗老记》

避汉安帝父清河王讳，改为贺氏，庆湖亦转为镜。当时不知何所据。故铸自号庆湖遗老"。由此可知，《镜湖遗老记》作者即庆湖遗老贺铸无疑。

《镜湖遗老记》云，他所见《吕氏春秋》，有余杭镂本，亡三十篇，脱句漏字合三万余言。此本传之于东牟王氏。今四明使君元丰初奉诏修书于资善堂，取大清楼所藏本校定。由此可知，贺铸所见本有二，一为余杭镂本，一为大清楼藏本。他手校本即大清楼藏本。

郑元祐序云：嘉兴路总管刘贞，"念其家所藏书皆节轩先生所手校，于是出其一二，俾以刊于嘉禾之学宫，与学者共，而《吕氏春秋》其一也"。节轩先生即刘贞之父刘居敬号节轩者。刘贞刊印之刘节轩手校之《吕氏春秋》，即《镜湖遗老记》所云"竟以手校本寄欲得者云"，也就是贺铸手校之本。郑序后题"嘉兴路儒学教授陈泰至正"，下有脱文，"⊥"有人说是"十"之坏，有人说是"六"之缺，据明李瀚本郑序后有"嘉兴路儒学教授陈泰至正六"，当作"六"字，即刊于至正六年。明补修本无此句。

嘉兴路，宋为嘉禾郡，故嘉禾学宫即嘉兴路儒学，因郑序后有"嘉兴路儒学教授陈泰"字样，故称嘉兴路儒学刊本，而郑序云刊于嘉禾之学宫，故称嘉禾学宫刊本，并无二致。此本明代有人补修，称元至正嘉禾学宫刊明补修本。

元至正嘉兴路儒学刊本及明补修本，皆半页十行，行二十字，注解为双行小字，亦行二十字。版心高十八厘米，宽十二厘米。字迹多有漫漶不清者，然可互相参照。明补修本改正元本中一些误字，改《吕氏春秋》正文者，如：

《圜道》"今世之人主，皆欲世勿失矣，而兴其子孙"，"兴"字明补修本作"与"，明补修本是。

《尊师》"且天主人也，而使其耳可以听"，"主"明补修本作"生"，是。

《顺民》"越王若会稽之耻"，"若"明修本作"苦"，是。

《安死》"无不亡之国也，是无不相之墓也"，"相"字明补修本作"扣"，是。

《首时》"有桀之时而无汤武之贤亦不成"，明补修本"桀"下有"纣"字，是。又"众因人以杀子阳、高国"，"人"明补修本作"之"，是。

《孝行》"养有五道：修宫室，安床第"，明补修本"第"作"笫"，是。

《慎大》"贤主愈大愈惧，愈强恐"，明补修本"强"下有"愈"字，是。

《观世》"吾不如者，吾不与处"，"吾不如者"，明补修本作"不如我者"，是。又"太上钓于滋泉"，"上"明补修本作"公"，是。

改高诱注者，如：

《尊师》"晋文公师咎犯、随会"高注："各犯，狐偃也。""各"字明补修本作"咎"，是。

《仲夏》"则絷腾驹，班马正"高注："故热之也。""热"明补修本作"爇"，是。

《明理》"是正坐于夕室也"高注："言其室邪夕不正，徙正其坐也。""徙"明补修本作"徒"，是。

《孟秋》"某日立秋，盛德在金"高注："金王西方也。""王"明补修本作"主"，是。

《简选》"选练角材欲其精也"高注："揹犹锐利。""揹"明补修本作"精"，是。

《季秋》"乃趣狱刑，无留有罪"高注："除气杀僇。""除"明补修本作"阴"，是。

《顺民》"冤侮雅逊，朝夕必时"高注："雅，至。""至"明补修本作"正"，是。

《忠廉》"君使宫人与鹤战，余焉能战"高注："卫懿公好鹤，鹤有垂轩者。""垂"明补修本作"乘"，是。

至正本尚有误而明补修本未改者，如：

《孟春》："无杀孩虫胎犬飞鸟。"高注："麛子曰犬。"按，正文及注"犬"当作"夭"，误。许宗鲁本、张登云本等亦误。

《本生》："贵富而不知道，适足以为患，不知贫贱。"按，"知"当作"如"，误。

《重己》："燀热则理寒。"按，"寒"当作"塞"，误。

《当染》："非独染丝纱也。"按，"纱"当作"然"，误。

《孟春》"天子居青阳左个"高注："各有左右房谓之个，犹隔也。"按，"犹"上当有"个"字，脱。

《本生》"故古之人有不肯贵富者矣，由重生故也"高注："古人谓尧时许由、方因、善绻，舜时皋陶。"按，"因"当作"回"，"皋"当作"雄"，并误。

亦有个别至正本不误，而明补修本改错者，如：

《孟春》"孟春行夏令，则风雨不时"高注："木德用事，法当宽仁。""德"明补修本误作"当"。张登云本同误。

《重己》"则其至不可禁也"高注："皆己自召之，何禁御？""御"明补修本作"卸"，误。

二、明代诸刻本

1. 明弘治十一年李瀚刊本

李瀚本乃仿元刻本重刊，书末有"弘治十一年秋河南开封府许州重刊"（弘治十一年即公元 1498 年），又有后序，其中云："吕氏不韦春秋，刘公居敬父节轩先生不以其人之行并其书而弃之，尝经手校，谓其奇闻异见，有裨于世。至其子海道都漕运万户庭幹公，承先志刊其书于嘉禾之学宫，与学者共之。世久坏烂，又不复刻，而得其书者甚寡。丁巳予奉命来按河南，过钧州，即古之阳翟地，不韦生于斯，而《吕氏春秋》寔其所作也。予获是书，阅不释手。然不韦之行不厌人心，而或谓其言不当取重于君子。呜呼，舜犹察于迩言，孔子谓不以人废言。言苟是与，而固以论其世而置之，非所以广无遗善之量者亦私也，私岂君子所自留哉！是书虽未皆中绳墨以适于道，其所论天时人事、行己接物、礼制音声，信亦绰乎有足以取于用者。节轩先生号为知道，是岂无见也耶？宜庭幹成其志而梓行之，予亦无惑于先正之所，是以重刻以广其传，不知后之君子又将是吾所是，而使是书之竟不泯灭否耶？弘治戊午冬十一月既望 赐进士文林郎巡按河南监察御史沁水李瀚书。"丁丙《善本书室藏书志》谓此盖即毕沅所谓李瀚本。蒋维乔等《汇校》云："使不阙尾叶，后序之末，当有李瀚其名。毕氏所见当非此阙尾之本，必尝见李瀚之名，故径称李瀚本，而未见有所考论。"蒋氏《汇校》所见李瀚本盖阙尾页，故有此说。陈奇猷《吕氏春秋新校释》述及李瀚后序，亦自"以重刻以广其传"下缺，《子藏》所收李瀚本后序更自"置之，非所以广无遗善之量者"以下缺。今国家图书馆所藏李瀚后序十分完整，盖即毕沅校书时所见欤？

此本版式与元本大体相同，高十七厘米，宽十二厘米，半页十行，行二十字，高注为双行小字，亦行二十字。高注亦有误为单行者，如《明理》第九至十二行。

此本与元至正本差异不大，元本误者，此本多亦误，如：

《重己》："燀热则理寒。""寒"当作"塞"，此本与元本及明补修本误同。

《圜道》："今世之人王皆欲世勿失矣，而兴其子孙。""王""兴"误同元本，字当作"主""与"。

卷六卷首所列本卷篇名"明禮"，当作"明理"，误与元本及明补修本同。

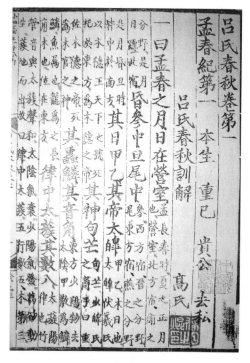

图十四　明弘治十一年
李瀚刊本《吕氏春秋》

《安死》："无不亡之国也，是无不相之墓也。""相"当作"扣"，此本与元本误同。

《慎大》："贤主愈大愈惧，愈强恐。""强"下脱"愈"字，此本与元本误同。

《首时》："众因人而杀子阳、高国。""人"当作"之"，此本与元本误同。

《孝行》："养有五道：修宫室，安床第。""第"当作"第"，此本与元本误同。

《观世》："太上歆于滋泉。""上"当作"公"，元本误同。又"吾不如者，吾不与处"，"吾不如者"当作"不如吾者"，误与元本同。

《仲夏》"则絷腾驹，班马正"高诱注："故热之也。"高注"热"当作"絷"，误与元本同。

《下贤》"神覆宇宙而无望"高诱注："往古来今曰宙，言其神而色覆之。""色"当作"包"此本与元本误同。

亦有元本不误，而此本误者，如：

《观世》："太上歃于滋泉。""歃"当作"钓"，元本及明补修本皆不误，而此本误。

《骄恣》篇末标题，元本不误，此本误作"骄咨"。

亦有改正元至正本者，如：

《尊师》："且天生人也，而使其耳可以闻。"元本"生"误作"主"，此本与明补修本不误。

《安死》"此孝子忠臣亲父交友之大事"高诱注："君子谓华示、乐吕于是不臣。""示"当作"元"，此本与明补修本不误。

《慎大》："东方日胜，西方日不胜。"元本下"胜"字作"务"，此本不误。

《遇合》"客有以吹籁见越王者"高诱注："籁，三孔籥也。"元本"三"作"二"，此本与明补修本不误。

卷十三卷首及《有始》前二页上部每行皆缺三五字，元本及明补修本皆不缺。

卷十九《高义》后一页及《上德》前一页缺每行下六字或五字，元本及明补修本皆不缺。

此本常有书商删去后序及"弘治十一年秋河南开封府许州重刊"字样

冒充元本。

2. 明嘉靖七年关中许宗鲁刊本

此本稍晚于李瀚本,但校勘极为精审。此本前有嘉靖戊子许宗鲁序(嘉靖戊子即嘉靖七年,公元1528年)、高诱序,总目之后有《镜湖遗老记》,而高序之前没有郑元祐序。故毕沅谓"从宋贺铸旧校本出"(毕沅《吕氏春秋新校正序》所附《新校吕氏春秋所据旧本》)。蒋维乔亦云"此本虽刻于李本之后,而精审过之。此本有《镜湖遗老记》而无郑元祐序,盖此径据宋本而非转从元本出也"(蒋维乔等《吕氏春秋汇校·版本书录》)。《子藏》所收此本缺许宗鲁序,又有人批语"不著刊校年月姓氏无从辩证",给人徒添疑惑。

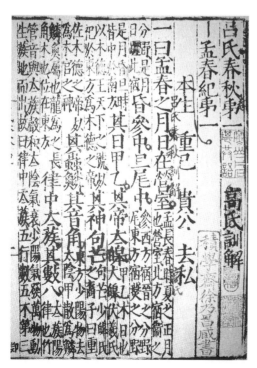

图十五　明嘉靖七年关中
许宗鲁刊本《吕氏春秋》

此本格式,如第一卷:吕氏正文首行顶格为"吕氏春秋第一",低三格为"高氏训解",下一行低一格为"孟春纪第一",又下一行书篇名"本生　重己　贵公　去私"。下各卷仿此。此本多古字,如高诱《吕氏菩穄序》之"菩穄"二字,正文中如"其"作"丌","昔"作"𣈈","徒"作"辻"等等。蒋维乔《汇校》云"至其字之古体,皆据《说文》楷写"。叶德辉亦谓其所自造,而非出于宋元。其中亦有古体与今体混杂者。如，高序后"吕氏春秋序终"，又用"春秋"二字。其后亦多混杂。亦有楷写《说文》小篆而写错者，如"暴雨"，本作"暴"，而写作"暴"。亦有用俗体者，如"稱"写作"秤"。

此本与他本对校，其精审处，如：

《圜道》："今世之人主皆欲世勿失矣，而与其子孙。"元至正本、明李瀚本"主"误作"王"，"与"误作"兴"，此本不误。

《安死》："无不亡之国者，是无不抇之墓也。"元至正本、明李瀚本"抇"皆误作"相"，此本不误。

《孝行》："养有五道：修宫室，安床第……"元至正本、明李瀚本"第"皆误作"第"，此本不误。

《慎大》："西方日胜，东方日不胜。"元本、李瀚本下"胜"误作"务"，此本不误。

《报更》："齐王知颜色。"元至正本、李瀚本"知"皆误作"如"，此本不误。

《先识》："国有此五者，无幸必亡。"元本、李瀚本"幸"皆误作"辜"，此本不误。又"若使中山之王与齐王闻五尽而更之，则必不亡矣"，元本、李瀚本"亡"皆误作"忘"，此本不误。

《观世》："太公钓于滋泉。"元本、李瀚本"公"皆误作"上"；李瀚本"钓"又误作"歇"，此本不误。

《观表》："事与国皆有征。"元本、李瀚本"皆"误作"清"，此本不误。

亦有与元本、李瀚本同误者，如：

《首时》："众因人而杀子阳、高国。""人"当作"之"，此本与元本、李瀚本同误。

《明理》"是正坐于夕室也"高诱注："言其室邪夕不正，徙正其坐也。""徙"当作"徒"，此本与元本、李瀚本同误。

《报更》："颠蹶之请，坐拜之谒，虽薄则薄矣。"上"薄"字当作"得"，此本与元本、李瀚本同误。

《不广》："辟土安彊，于是乎在矣。""彊"当作"疆"，此本与元本、李瀚本同误。

《贵因》"而尧授之禅位，因人之心也"高诱注："人皆喜之，故也因人之心也。"上"也"字当作"曰"，此本与元本、李瀚本同误。

《察今》："尝一脟肉而知一镬之味、一鼎之调。""脟"当作"脬"，此本与元本、李瀚本同误。

卷六卷首所列本卷篇名"明禮"，当作"明理"，此本与元本、明补修本、李瀚本同误。

亦有元本、李瀚本不误，此本误者，如：

《节丧》："夫玩好货宝。"元本、李瀚本无"夫"，孙锵鸣谓"夫"字衍，蒋维乔谓甚是。又"珠玉以备之"，元本、李瀚本"备"作"佩"，此本音近而误。

卷十四卷首"本味"误作"本利"。

3. 明万历己卯张登云校本

丁丙《藏书志》、蒋维乔《汇校》谓此本是翻刻元本。此本前有明万历己卯冬日河阳陈文烛《刻吕氏春秋序》（万历己卯即万历七年，公元1579年），姚江叶逢春《重梓吕氏春秋序》，郑元祐序及天台方逊志《读吕氏春秋》一文。总目后有《镜湖遗老记》。卷首下有巡按直隶监察御史陈世宝订正,河南按察司金事朱东光参补,直隶凤阳府知府张登云繙校。《读吕氏春秋》张登云后记云:"爰觅善本校补之,顾许、楚二刻胥仿雍板而仍其阙者六,续得旧本,乃补其半,余尚虚木,俟好古者。甲戌秋日自儆庵识。"书后有张登云《吕氏春秋跋》。蒋维乔谓毕沅校本未曾见此本。

考书中所缺有后补者,如《贵生》篇末缺整页后补,《当染》篇中缺整页后补等等。

以此本与以前诸本比较,有此本优胜者,如:

《圜道》:"今世之人主皆欲世勿失矣,而与其子孙。"元至正本、明李瀚本"主"误作"王","与"误作"兴",此本与许宗鲁本不误。

《安死》:"无不亡之国者,是无不抇之墓也。"元至正本、明李瀚本"抇"皆误作"相",此本与许宗鲁本不误。

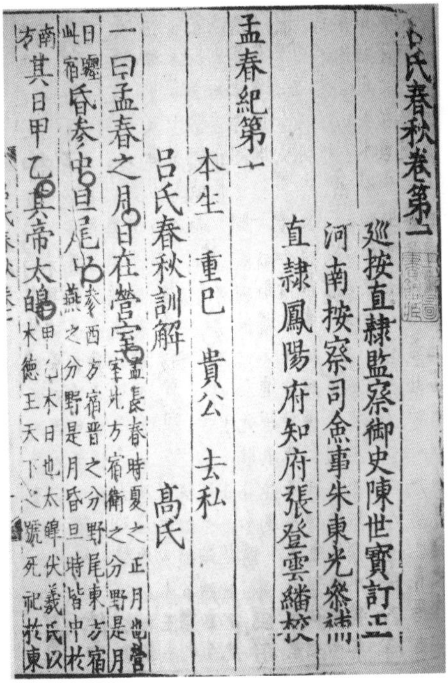

图十六 明万历己卯张登云校本
《吕氏春秋》

《慎大》:"西方日胜,东方日不胜。"元本、李瀚本下"胜"误作"务",此本与许宗鲁本不误。

《报更》:"齐王知颜色。"元至正本、李瀚本"知"皆误作"如",此本与许宗鲁本不误。

《顺说》"管子可谓能因矣"高诱注:"因役人用势欲走,而为唱歌,劝之令走也。"元本、李瀚本、许宗鲁本"劝"皆作"欢",此本义胜。

《观世》："太公钓于滋泉。"元本、李瀚本"公"皆误作"上"，此本与明补修本、许宗鲁本不误。

《观表》："事随心，心随欲，欲无度者，其心无度，心无度者，则其所为不可知矣。"元本、李瀚本缺下"心无度"三字，此本与明补修本、许宗鲁本不误。

亦有误同元本者，如：

《孝行》："养有五道：修宫室，安床第。""第"当作"笫"，此本与元至正本、明李瀚本同误作"第"，许宗鲁本不误。此本有墨迹改作"笫"。

《报更》："颠蹶之请，坐拜之谒，虽薄则薄矣。"上"薄"字当作"得"，此本与元本、李瀚本、许宗鲁本同误。

《先识》："国有此五者，无辜必亡。""辜"当作"幸"，此本与元本、李瀚本皆误作"辜"，许宗鲁本不误。又"若使中山之王与齐王闻五尽而更之，则必不忘矣"，"忘"当作"亡"，此本与元本、李瀚本皆误作"忘"，许宗鲁本不误。此本有墨迹改作"亡"。

《举难》："以王孙苟端而不肖，翟璜进之；以乐腾为贵，季成进之。""而"当作"为"，"贵"当作"贤"，此本与元本同误。

《观表》："事与国清有征。""清"当作"皆"，此本与元本、李瀚本同误，许宗鲁本作"皆"不误。

4.明万历己卯姜璧重刻本

此本乃许本的翻刻本，书前有嘉靖七年关中许宗鲁《刻吕氏春秋序》，总目后有《镜湖遗老记》，并有重刊《吕氏春秋》姓名：明文安蒲汀姜璧重订，义乌绍东虞德烨重刊，临桂一轩左懋贞校正，江陵云谷樊大通同校，又大字书：万历己卯孟夏梓于维扬资政左室。

图十七　明万历己卯姜璧重刻本《吕氏春秋》

《子藏》所收为清冯一梅校，叶景葵跋本，该本缺十至十四卷，以弘治李瀚本补齐。该本半页十行，行十八字，注双行小字，亦行十八字。

此本与各本比较，此本优胜者，如：

《顺说》"管子可谓能因矣"高诱注："因役人用势欲走，而为唱歌，劝之令走也。"元本、李瀚本、许宗鲁本"劝"皆作"欢"，此本同张登云本义胜。

《贵因》"而尧授之禅位，因人之心也"高诱注："人皆喜之，故曰因人之心也。""曰"字元本、李瀚本、许宗鲁本误作"也"，此本与张登云本不误。

《慎大》："西方日胜，东方日不胜。"元本、李瀚本下"勝"误作"務"，此本与许宗鲁本、张登云本不误。

《报更》："齐王知颜色。"元至正本、李瀚本"知"皆误作"如"，此本与许宗鲁本、张登云本不误。

《观表》："事与国皆有征。"元本、李瀚本、张登云本"皆"误作"清"，此本与许宗鲁本不误。

此本与元本等各本同误者，如：

《察今》："尝一脟肉而知一镬之味、一鼎之调。""脟"当作"脿"，此本与元本、李瀚本、许宗鲁本、张登云本同误。

《报更》："颠蹶之请，坐拜之谒，虽薄则薄矣。"上"薄"字当作"得"，此本与元本、李瀚本、许宗鲁本、张登云本同误。

5. 明万历云间宋邦乂校本

此本未著年月。前有瑯琊王世贞为宋邦乂等写《重刻吕氏春秋叙》，由云间莫是龙书。又有方孝孺撰《读吕氏春秋》。每卷首行书吕氏春秋第某卷，下书高氏训解；次行书明云间宋邦乂、张邦莹、徐益孙、何三畏校。或无张邦莹、徐益孙而有范廷启。卷首无本卷目次。《四部丛刊》收此本无王世贞叙及方孝孺《读吕氏春秋》一文，且"何三畏"作"何玉畏"①。此本后宋邦乂之子宋启明重刻，删去宋邦乂以下三人而著其名，故重刻本又称宋启明本。《国家珍贵古籍名录》所收即宋启明重刻本，国家图书馆所藏亦宋启明重刻本。

《子藏》所收宋邦乂本为清乾嘉时谢墉校订本，卷首有"谢东墅校订本""谢东墅读"印章二枚，此本缺卷十二至十四，据弘治本补齐。二十六卷终后有"宋邦乂印"小印章。此本半页十行，行二十字，注为双

① "三畏"取自《论语·季氏》"君子有三畏，畏天命，畏大人，畏圣人之言"，作"玉畏"则讹。参看杨居让《吕氏春秋明宋邦乂刻本辨识》，《图书馆理论与实践》2010年5期。

行小字，亦行二十字。

蒋维乔《汇校》认为，此本盖从李、许本出，故其误与李、许本多有相同者。如：

《察今》："尝一脟肉而知一镬之味、一鼎之调。""脟"当作"胇"，此本与元本、李瀚本、许宗鲁本、张登云本、姜璧本同误。

《报更》："颠蹶之请，坐拜之谒，虽薄则薄矣。"上"薄"字当作"得"，此本与元本、李瀚本、许宗鲁本、张登云本、姜璧本同误。

实不只与李、许本同，与前诸本亦同。

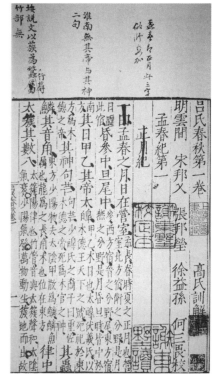

图十八　明万历云间
宋邦乂校本《吕氏春秋》

亦有同许本而不同李本者，如：

《安死》："无不亡之国者，是无不抇之墓也。"元至正本、明李瀚本"抇"皆误作"相"，此本与许宗鲁本不误。

《报更》："齐王知颜色。"元至正本、李瀚本"知"皆误作"如"，此本与许宗鲁本、张登云本、姜璧本不误。

《观表》："事与国皆有征。"元本、李瀚本、张登云本"皆"误作"清"，此本与许宗鲁本不误。

亦有与元本等各本皆不同者，如：

第二十六卷卷首篇目"辩土"，其后篇名亦作"辩土"，元本、李瀚本、许宗鲁本、张登云本等皆作"辨土"。

明代尚有万历丙申（1596）刘如宠刊本，万历乙巳（1605）汪一鸾刊本，万历庚申（1620）凌稚隆朱墨套印本（无高诱注），明钱塘朱梦龙刊本，明新安吴勉学刊本（无高诱注），明新安黄之寀刊本（无高诱注），不再详细说明。

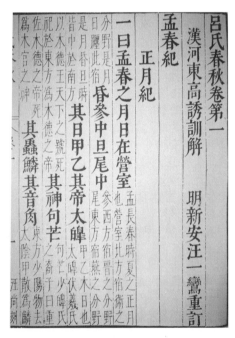

图十九　明万历二十四年（1596）
刘如宠刊本《吕氏春秋》

图二十　明新安汪一鸾重订本
《吕氏春秋》

三、清毕沅《吕氏春秋新校正》，乾隆五十三年（1788）毕氏灵岩山馆刊《经训堂丛书》本

清乾隆年间，毕沅的《吕氏春秋新校正》是继高诱之后最集中最全面的一次校理。乾隆五十三年初刻，逾年而成。此本前有毕沅序，序中云："暇日取元人大字本以下，悉心校勘。"高诱序，以及吕氏春秋附考，附

考中广收历代关于《吕氏春秋》的记述评论。又列有新校《吕氏春秋》所据旧本，共八种，元人大字本、李瀚本、许宗鲁本、宋启明本、刘如宠本、汪一鸾本、朱梦龙本、陈仁锡奇赏汇编本。并列有书内审正参订姓氏：卢文弨、谢墉、钱大昕、孙志祖、段玉裁、赵曦明、钱塘、孙星衍、洪亮吉、梁玉绳、梁履绳、臧镛堂。毕氏聘请的参订人员都是清代校勘训诂大家，他们的见解对《吕氏春秋》多有补正，对读懂《吕氏春秋》很有帮助，只是在毕校本中体现的不是很多。

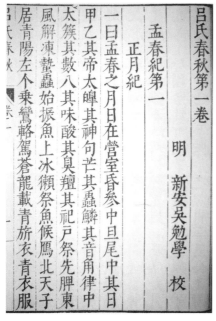

图二十一　明新安吴勉学刊本
《吕氏春秋》

图二十二　清乾隆五十三年
新校正本《吕氏春秋》

毕沅新校正本，参用以前各本及类书古注纠正旧刻错误不少。如：

《重己》："燀热则理塞。"元本、李瀚本、许宗鲁本、张登云本、宋邦乂本"塞"皆误作"寒"，毕本不误。

《重己》"其为饮食酏醴也"高诱注："酏读如《诗》'虵虵硕言'之'虵'。《周礼》：'浆人掌王之六饮，水浆醴凉医酏也。'"元本、李本、许本、张本、宋邦乂本"硕"作"不"，"浆人"作"採人"，"医"作"凿"，皆误，毕本不误。

《贵生》："尧以天下让于子州支父。"元本、李瀚本、许宗鲁本、张登云本、宋邦乂本"支"皆作"友"，毕本不误。

《察今》："尝一脟肉而知一镬之味、一鼎之调。"元本、李瀚本、许宗鲁本、张登云本、宋邦乂本"脟"皆误作"膑"，毕本不误。

《报更》："颠蹶之请，坐拜之谒，虽得则薄矣。"元本、李瀚本、许宗鲁本、张登云本、姜璧本、宋邦乂本"得"皆误作"薄"，毕本不误。

《应同》："夫覆巢毁卵，则凤凰不至。"元本、李瀚本、许宗鲁本、张登云本、姜璧本、宋邦乂本"覆巢"，皆误作"巢覆"，毕本不误。

《应同》："芒芒昧昧，因天之威。"元本、李瀚本、许宗鲁本、张登云本、姜璧本、宋邦乂本"芒芒昧昧"误作"芒昧"，毕本不误。

《重言》："君呿而不唫者，莒也。"李瀚本、许宗鲁本、张登云本、宋邦乂本"唫"并误作"唅"，唯元本不误，毕氏此处盖据元本。

毕本看出旧本有误，出校语而未改正者，如《达郁》："国亦有郁，生德不通，民欲不达。"毕校云："生德疑主德。"元本、李瀚本、许宗鲁本、宋邦乂本皆误作"生德"，毕校是。然张登云本、姜璧本均作"主德"，惜毕氏未见，未能据以改正。

亦有宋本不误而毕本反误者，如：

《本味》"相为殚智竭力，犯危行苦"高诱注："苦，勤也。"毕本误作"勤，苦也。"

蒋维乔《吕氏春秋汇校》认为，毕校本卢文弨用力最多，其所用以宋邦乂本为主，且所谓宋邦乂本，实为宋启明重刻本，所以《序录》称宋启明本，而书中称宋邦乂本。蒋氏认为，卢氏于元本、李本、许本只略参一二，并未全睹。故而宋本之前各本不误而宋本误者，毕本有随之而误者，如：二十六卷之"辩土"，之前各本皆作"辨土"，唯宋本作"辩土"，毕本随宋本作"辩土"。蒋氏所举《情欲》"尽傅其境内之劳"，毕云"旧作传"，然各本皆作"傅"，唯宋本误作"传"。亦有不同宋本者，宋本篇名皆在每篇之前，毕本则在每篇之后，与元本等各本同。

毕沅在清代整理子书最为突出，而《吕氏春秋》是其最佳的一部。

总之，毕本参用乾嘉各大家意见，校正旧本错误颇多，成为后世研读《吕氏春秋》的重要读本，也是学者继续研究《吕氏春秋》的基础。

清光绪元年浙江书局出版二十二子，其中有《吕氏春秋》，即以毕沅灵岩山馆刊《经训堂丛书》本为底本，重新校刻而成，然仍有讹误。蒋维乔《吕氏春秋汇校》说："惟世间通行者为浙局刻本，坊间铅印石印诸书，亦多从此出，而浙刻脱讹颇多，非毕本之旧。"

四、民国以降诸版本

1. 民国许维遹《吕氏春秋集释》，清华大学 1935 年版。

许维遹在 1935 年出版《吕氏春秋集释》。该书前有冯友兰、刘文典、孙人和序，许维遹自序，及集释引用诸书姓氏。许维遹本后毕校本近一个半世纪，毕氏校本未及刊正者，其后学者多所考订，然散见群书，搜索繁难，故许氏作《集释》，他在序中说："（毕校）疏漏讹脱尚待刊正者犹数百事。且精刊如明张登云、姜璧、李鸣春诸本，皆弇山所未及见。弇山以降百五十年，诸大师匡正浸多，考订益富。惟简编繁博，未有会归，其他短书笔记，旁证遗闻，披沙拣金，取长舍短，虽通人其犹病诸，在初学更苦其芜杂。是则狐白既集，成裘待人；和璞含光，敦琢斯贵矣。"

图二十三　1935 年许维遹
《吕氏春秋集释》

图二十四　1935 年许维遹
《吕氏春秋集释》

许维遹《集释》贡献颇丰，首先，他征引广博，其所征引达七十九家之多，清代及民初诸儒言及《吕氏春秋》者，几搜罗殆尽。对高诱、毕沅诸说，补苴辨证，所在多有。略举数例，以见一斑。

《孟春》"东风解冻"高诱注："故东风解冻，冰泮释也。"维遹案："注'也'字原作'地'，今改从张本、姜本。"

《本生》"则此论之不可不察也"高诱注："论此上数句贵贱祸福，不可不察也。"维遹案："注'数'字原脱，据许本增。"

《去私》"衣禁重"高诱注："不欲衣服蹿僭，若子臧好聚鹬冠也。"维遹案："《重己》篇云'衣不燀热，燀热则理塞，理塞则气不达'，即此文'衣禁重'之义。注非。"

《情欲》："德义之缓，邪利之急。"维遹案："'之'犹'是'也，本书'之'作'是'解，类多若此。"

《当染》"墨子见染素丝者而叹"高诱注："墨子名翟，鲁人，作书七十一篇。"维遹案："注'一'字原作'二'，改从许本、张本、姜本，与《汉志》合。"按，元本、李瀚本等皆作'一'，毕本盖手民之误。

《尊师》"天子入太学祭先圣"高诱注："太学，明堂也。"维遹案："正文'太学'原作'太庙'，陈昌齐云：'据注当作太学。'案，陈说是。许本、姜本、张本、李本并作'太学'，今据改。"按，元本即作太学，毕氏偶疏。

《论威》"刃未接而欲已得矣"高诱注："已得欲杀也。"维遹案："谓已得其所愿，注专以杀言之，非是。"

《吕氏春秋集释》彰显了许维遹在版本校勘、文字训诂等多方面的深厚素养，成为毕沅之后《吕氏春秋》整理的又一高峰。冯友兰十分推崇此书，给予很高评价，其云："使后之读此书者，得不劳而尽食以前学者整理此书之果，其利物之功宏矣。诚文信侯之功臣，高诱、毕沅之畏友，而孙诒让、王先谦诸人之劲敌也。"（许维遹《吕氏春秋集释》序）

在《吕氏春秋集释》出版半个多世纪之后，中华书局将其收入新编诸子集成，于2009年再版。

2. 陈奇猷《吕氏春秋校释》1984年学林出版社本，《吕氏春秋新校释》2002年上海古籍出版社本

20世纪80年代陈奇猷出版《吕氏春秋校释》，21世纪初又增订为《吕氏春秋新校释》。陈奇猷在《校释编纂说明》中说他经四十余年整理研讨，数易其稿，写成此本。《校释》一书，收集前人近百二十家之校说，资料

甚为丰富，为读《吕氏春秋》者提供很大便利。对于前人校说，陈氏多有案语，以表明其意见看法。不论其说是否正确，总可给读者一个思考的途径。《集释》末有附录，为《吕氏春秋佚文》《校释所据旧刻本》《校释引书目录》《吕氏春秋考证》。十余年之后，陈氏又出版《吕氏春秋新校释》，其序中说："自学林出版后，仍时时检阅，多有修改，更补入近百条考校。……此近百条考校，亦是随时搜集资料并反复研讨而成。因此，本刊较之学林印本大异。故题曰《吕氏春秋新校释》。"

图二十五　陈奇猷《吕氏春秋新校释》

　　陈氏《校释》《新校释》出版之后，称赞者有之，批评者亦有之。称赞多谓其书资料丰赡，免却读者翻检之劳，为许维遹书后又一集成之作。批评者多谓其言多语失，案语有欠审慎。如《大乐》说："溺者非不笑也。"奇猷案："余尝游泳，遇溺者，往救之，其人因水呛而作'喀喀'声，类笑，故古人云然。"又《大乐》："欲与恶所受于天也，人不得与焉。""与"字毕本作"兴"，王念孙、陶鸿庆、许维遹、蒋维乔皆谓"兴"乃"与"

之误而改作"与",且许本、张本、姜本、刘本等皆作"与"。陈氏则强辩"兴"字不误,反显己拙。《校释》"引书目"中既有"杨崇德",又有"杨伯峻",列为二人。李若晖文指出,此是一人,杨崇德字伯峻①。后多用杨伯峻,少用杨崇德,故陈氏疏忽。

第二节 《吕氏春秋》批校、点评本

所谓"批校、点评本",即在《吕氏春秋》各本上加批语、评点的本子。明清学者多有在所读书上加眉批的习惯,这些批语涉及诸多方面,有校正字句者,有评论文章者,有抒发己见者等等。这些点评本,明代有李鸣春在天启七年(1627)陈继儒校刊本的评语,王劝士在崇祯七年(1634)王锡衮刊本的批语。清代有谢墉在宋邦乂本的批校,冯一梅在姜璧本的批校。清代学者多在毕校本上留有批语,如惠栋、梁玉绳、王念孙、朱彬等。批语的内容广泛,从字句的校正,到文章做法的评论,无处不在。他们的批校、评语对后人理解《吕氏春秋》的字句,了解《吕氏春秋》的文章结构以及写作特点等都有很大的帮助或启发。今举李鸣春、谢墉评语,以见一斑。

李鸣春评语:

《荡兵》开头一句"古圣王有义兵而无有偃兵",李鸣春批语:"只一句尽一篇之文。"

《精通》开头一段,李鸣春批语:"行文烦简变化,步深一步,诵之爽然。"篇末云:"如曲终促响,神来神往。"

---

① 李若晖:《〈吕氏春秋校释〉质疑》,武汉大学学报(哲学社会科学版),1999年6期。

《节丧》结尾处李鸣春批语："收得澹荡有波，真一转千里之妙。"

《权勋》开头"利不可两，忠不可兼"一段李鸣春批语："名言。"

李鸣春刻本没有高诱注，其批语多侧重于文章做法，文句运用、点评。

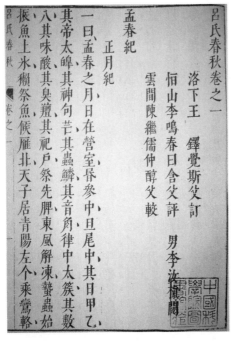 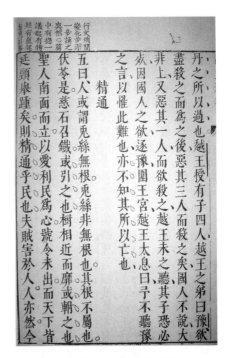

图二十六　明李鸣春点评本　　　　图二十七　明李鸣春点评本
　　　《吕氏春秋》　　　　　　　　　　《吕氏春秋》

谢墉评语：

《贵生》"尧以天下让与子州友父"谢墉云："梁云：《庄子》《汉书》皆作支父。"

《贵生》："世之人主多以贵富骄骄泰也得道之人，其不相知，《淮南记》曰鱼相忘乎江湖。"谢墉云："'多以贵富骄得道之人'为一句，注'骄泰也'三字误解为句。"

《论威》："才民未合而威已谕矣。"谢墉云："才应作士。"

《决胜》"此所以成胜"高诱注："军贼亦皆如此。"谢墉云："贼字疑有误。"毕校本改"贼"为"戎"，曰"或是战字误"。

谢墉之批语多在校勘与文字训诂之上。

明末还有一批选评之类的本子，如焦竑校正、翁正春评点的《吕氏春秋评林》，陈深的《吕览品汇》，焦竑校正、翁正春参阅、朱之蕃圈点的《吕氏春秋品汇释评》，焦竑纂注、陈懿典评阅的《吕氏春秋折衷汇锦》，陆可教选、李廷机订的《吕子玄言评苑》，归有光辑评、文震孟参订的《吕子》，陈仁锡评选的《吕子奇赏》，黄甫龙的《吕氏春秋汇评》及黄甫龙、唐琳的《重刻吕氏春秋汇评》等等。这些本子，对探讨《吕氏春秋》在明末的研究状况都有重要的参考价值。

第三节 近现代《吕氏春秋》选注本、译注本

一、庄适选注《吕氏春秋》1926 年《学生国学丛书》本、1934 年《万有文库》本

20 世纪 20 年代中期作为《学生国学丛书》，庄适出版《吕氏春秋》选注，20 世纪 30 年代又编入《万有文库》再版。庄适选注的《吕氏春秋》，采用近代方法，分段注解，用标号与正文对应，注解采用浅近的文言，以便简洁，正文及注解采用新式标点符号，难字则标以当时行用的注音字母。书前有一简短的绪言，用白话写成于 1926 年 7 月 17 日。绪言十分简单地介绍了《吕氏春秋》的由来，吕不韦传，《吕氏春秋》的价值，结语阐明作者的一些感想。该书以光绪初年浙江书局翻刻毕校本为底本，选取《吕

氏春秋》三十三篇，对其中错误，用毕沅校语核校外，并用孙诒让、俞樾、陈昌齐等人之书详加订正。本书开了用新方法选注《吕氏春秋》的先河。

二、王范之《吕氏春秋选注》1981 年中华书局

王氏这本书写于 20 世纪 60 年代前半期，出版于 1981 年。该书以毕沅经训堂本为底本，参用诸类书及清代各家的校订，对一般无歧义的文字，注释从简；对较难或语义特殊者，引训解根据，以便读者寻检。该书选取《吕氏春秋》二十六篇，选文前有一篇绪论，简单介绍《吕氏春秋》的成书、结构及思想主旨。每篇前有说明，简单介绍该篇的思想内容；然后是注释、白话译文。这是第一本具有现代注释及白话译文的《吕氏春秋》注本，为《吕氏春秋》的普及作出了贡献。

三、张双棣、张万彬、殷国光、陈涛《吕氏春秋译注》1986 年吉林文史出版社，2000 年、2011 年北京大学出版社增订本

图二十八　张双棣　张万彬　殷国光　陈涛《吕氏春秋译注》

20 世纪 80 年代初，《吕氏春秋》研究和整理，经过一段沉寂之后，出现新的起色。张双棣、张万彬等的《吕氏春秋译注》（后有修订本）以清乾隆五十三年毕沅《吕氏春秋新校正》本为底本，用元至正本等元明诸刻本为参校，择善而从。该本每篇有简要题解，对费解字句，作简单注释，并对全文进行白话翻译。同时，该书前言对《吕氏春秋》做了全面的介绍。书后附有参考文献、人名地名索引，为进一步学习和研究提供方便。这是一本初学的入门书，也可供研究者参考。

第六章 《吕氏春秋》的研究概况

第一节 汉代的研究情况

《吕氏春秋》问世之后，在汉代受到广泛赞誉。首先是司马迁在《报任少卿书》中说："文王拘而演《周易》；仲尼厄而作《春秋》；屈原放逐，乃赋《离骚》；左丘失明，厥有《国语》；孙子膑脚，《兵法》修列；不韦迁蜀，世传《吕览》……"他把《吕氏春秋》与《周易》《春秋》这些古代经典相提并论，足以看出司马迁对于《吕氏春秋》的推崇。在《史记·吕不韦列传》中称赞《吕氏春秋》"备天地万物古今之事"。东汉时期班固作《汉书》，在《艺文志》诸子类中，把它与《淮南子》并列，归入杂家，说它"兼儒墨，合名法，知国体之有此，见王治之无不贯"，这是对《吕氏春秋》杂家特质的具体说明。"兼儒墨，合名法"具体说明《吕氏春秋》融合百家，兼收并蓄，"知国体之有此，见王治之无不贯"，说明《吕氏春秋》"兼儒墨，合名法"是适应国体和王治的需要而采取的做法。班固的话是对杂家的《吕氏春秋》的恰当评价。东汉末年涿郡卢植曾为《吕氏春秋》作训解，可惜不传。其弟子高诱遵循师训，作《吕氏春秋解》，全面为《吕氏春秋》作注释，成为后代研究《吕氏春秋》的重要依据。他在《吕氏春秋序》中对《吕氏春秋》作了很好的概括,给予很高的赞誉。他说:"此书所尚,以道德为标的,以无为为纲纪,以忠义为品式,以公方为检格,与孟轲、孙卿、淮南、扬雄相表里也。"又说:"(此书)大出诸子之右。"郑玄作《三礼目录》说:"名曰'月令'者,以其记十二月政之所行也。本《吕氏春秋》十二月纪之首章也。以礼家好事抄合之,后人因题之名曰'礼记'。"由此可见,汉代人对十二月纪纪首是很重视的,收其入礼。

第二节　魏晋至清代前期的研究情况

汉代以后,由于政治、思想、意识的变迁,《吕氏春秋》研究冷寂了相当长的一段时间。魏晋时期,玄学盛行,一般士人追求自由,狂放不羁,对构建具体社会理论的《吕氏春秋》失去兴趣。当时,名教与门阀观念盛行,对于商贾出身而且凭借投机手段取得权力的吕不韦更鄙视有加。因此,魏晋时期对《吕氏春秋》的研究滑向低谷。不过,也没有完全断绝。刘勰的《文心雕龙》说"吕氏鉴远而体周",给《吕氏春秋》很高的评价。当时的重要杂家著作如《抱朴子》《金楼子》《傅子》等,都或多或少地吸纳了吕氏的思想,贾思勰的《齐民要术》对《吕氏春秋》所保留的农业思想和农业技术也多有引用。

隋唐时期,国势强盛,文化多元,一扫魏晋玄学之风,《吕氏春秋》亦渐有一席之地。《隋书·经籍志》《旧唐书·经籍志》《新唐书·艺文志》对《吕氏春秋》都有著录,且径言吕不韦撰。一部分政书,如《群书治要》等,采集其有关治国理政的内容,编纂成书。颜师古、李贤、李善的《汉书注》《后汉书注》《文选注》,也常常引用《吕氏春秋》和高诱注。这说明《吕氏春秋》在唐代受到学界，乃至政界部分人士的重视。柳宗元《时令论》对《吕氏春秋》十二月纪所实行的各种政令提出质疑，说明人们对《吕氏春秋》的认识或研究开始进入一个新的阶段。

宋代，贺铸的《评吕氏春秋》是最早的评点本，其所作的《镜湖遗老记》对宋代《吕氏春秋》版本流传进行了概括。此后的一段时间，人们或认为它杂取各家，没有新意，更多的是因为吕不韦的商人背景，以及《史记》记载的他与秦始皇的复杂关系，因人废言，几乎完全忽略了它的价值，很少进行深入的研究。宋人黄震在《黄氏日钞》中说："今其书不得与诸子争衡者，徒以不韦病也。然不知不韦固无与焉者也。"这是将吕不韦与《吕氏春秋》分开，认为书乃宾客所为，吕不韦无与焉。亦有与此不同者，高似孙《子略》说："始皇不好士，不韦则徕英茂，聚畯豪，簪履充庭，至以千计；始皇甚恶书也，不韦乃极简册，攻笔墨，采精录异，成一家言。"给吕不韦和《吕氏春秋》很好的评价。

明代的《吕氏春秋》研究主要体现在对于文本的校理、点评和翻刻，以及校理者所写的序跋。这些校理纠正了以前版本的讹误，点评则指出《吕氏春秋》的一些章句的特点，以及评点者的体会。明代的一些序跋，大多是作者对《吕氏春秋》及吕不韦的看法，比如，明张登云本前方孝孺的《读吕氏春秋》，其中云："不韦以大贾乘势市奇货致富贵而行不谨，其功业无足道者，特以宾客之书显其名于后世，况乎人君任贤以致治者乎？然其书诚有足取者。其《节丧》《安死》篇讥厚葬之弊，其《勿躬》篇言人君之要在任人，其《用民》①篇言刑罚不如德礼，《达郁》②《分职》篇皆尽

---

① 许维遹谓《用民》当为《上德》，是。

② "郁"旧讹作"爵"，今正。

君人之道，切中始皇之病，其后秦卒以是数者债败亡国，非知几之士，岂足以知之哉？"他认为，吕不韦功业无足道，以宾客之书显名于世，而书诚有足取者。这恐是士人学者传统而普遍的看法。叶逢春叙中说："《吕氏春秋》，史传吕客所为，余以为不尽然也。吕之客，以斯为最睹，斯与始皇二世所称说者，讵能窥其概乎？意吕博雅之辈，锐意著述者，故其中多推见至隐、揭若语简旨玄者，自老子而下，不多见焉。世恶不韦之行，并其书而少之，余甚惑也。……或曰：吕书与《淮南子》具出于客，皆非成一手。则又不然。《淮南子》即中有所窥，然其书往往杂而乱，诡而不经者，似人人言殊；取吕而比之，则皆一家之言也。余友宁阳张君守中都而特梓是，岂有味乎中而意深远矣！"叶氏不但对《吕氏春秋》给予很高评价，对吕不韦也称作博雅之辈、锐意著述之人。且其认为《吕氏春秋》不只是其客所为，吕不韦必参与其中。这些看法，与当时一般学者是很不相同的。

第三节　清乾嘉时期至清末的研究情况

清代乾嘉时期，古籍整理与文献考据之学极其昌盛，对《吕氏春秋》的研究也主要集中在文献考据之上，对文本时代以及文字校勘研究取得了卓著成就。清代乾嘉学者如卢文弨、钱大昕、段玉裁、孙志祖、梁履绳等都对《吕氏春秋》文字作过校读，毕沅的《吕氏春秋新校正》就融有他们的见解。毕沅的《吕氏春秋新校正》是汉高诱之后近两千年《吕氏春秋》整理研究的又一座高峰，又一座丰碑。前文介绍版本时已有论述，不再赘言。

梁玉绳的《吕子校补》对《吕氏春秋》文本字句进行了审慎的校理和补正，得二百六十余条，时毕校本已出，遂纂次为二卷，原拟作补遗附于毕校卷尾而未得。如：《当染》"鲁惠公使宰让请郊庙之礼于天子，桓王使史角往"梁玉绳校补："'桓'当作'平'，惠公卒于平王四十八年，与桓王不相接，《竹书》请礼在平王四十二年。"又如：《爱士》"阳城胥渠处"高诱注"处犹病也"，梁玉绳校补："'处'无训'病'之义，亦未必以三字为名，处犹居也，当连下'广门之官'作一句。"又《首时》"秋霜既下，众林皆赢"梁玉绳校补："赢字甚精。"梁氏校补为后世学者所采用，许维遹、陈奇猷皆收入他们的著作中。梁玉绳又有《吕子校续补》一卷，系从《瞥记》及《庭立纪闻》二书中检录而得。

王念孙的《吕氏春秋杂志》在《读书杂志·余编》，收有三十八条札记。另有王念孙《吕氏春秋校本》，是王氏在毕校本上的批语，许维遹《吕氏春秋集释》采用二百七十一条，其实共有四百二十七条之多①。如《季春》"其虫鳞，其音角，律中姑洗"高诱注："是月阳气养生，去故就新竹管音中姑洗也。"毕校本据《初学记》改"养"作"发"。王念孙校语云："《淮南·时则训》注作'养生'，《天文训》同。《初学记》乃后人所改矣。"此条校语，许维遹《集释》未引用，而用刘文典说，与王氏校语基本相同，知刘氏未见王氏校本。陈奇猷《吕氏春秋新校释》亦仍许氏之旧。又如《大乐》："故能以一听政者，乐君臣，和远近，说黔首，合宗亲；能以一治其身者，免于哉，终其寿，全其天；能以一治其国者，奸邪去，贤者至，成大化；能以一治天下者，寒暑适，风雨时，为圣人。"王氏校本改"成

---

① 据张锦少《王念孙吕氏春秋校本研究》。见《王念孙古籍校本研究》，上海古籍出版社 2014 年版。以下引用王氏《校本》，皆据张氏此书。

大化"为"大化成"，案语云："亲、天、成、人为韵。"许氏《集释》引用此条校语，但未改正文，亦未按断。陈奇猷《新校释》亦引用王氏校语，并按断云："王说是。"王念孙《校本》作于毕校本之后，对毕校本多有补正，是研究《吕氏春秋》的重要参考和依据。王氏校本中还夹有陈昌齐校定的浮签，并有王氏与陈氏互动的资料，不但是研究《吕氏春秋》的宝贵资料，也是研究乾嘉学者交往的不可多得的资料，十分可贵。王念孙《吕氏春秋校本》现藏台北"中央研究院"傅斯年图书馆。

陈昌齐的《吕氏春秋正误》、王绍兰的《吕氏春秋杂记》、李宝洤的《吕氏春秋高注补正》等都对《吕氏春秋》研究做出了突出贡献，为此后《吕氏春秋》研究廓清了道路。王仁俊的《吕氏春秋佚文》、姚东升的《吕氏春秋佚文》对《吕氏春秋》佚文进行了广泛的搜集。江有诰的《吕氏春秋韵读》对《吕氏春秋》的用韵进行了梳理和归纳。

第四节　20世纪初至70年代末（1911—1979）的研究情况

民国时期，《吕氏春秋》研究不但继承了乾嘉以来的学风，在文字校理上有新的成果，又受西学的影响，开始着手研究《吕氏春秋》的思想体系，对历史人物做出评价，开启了《吕氏春秋》研究的新风。在文字及版本校理方面，重要成果有蒋维乔、杨宽等合著的《吕氏春秋汇校》，许维遹的《吕氏春秋集释》。《吕氏春秋汇校》以毕沅本为底本，对元本及明李瀚本、许宗鲁本、张登云本、姜璧本、宋邦乂本、刘如宠本、汪一鸾本、凌稚隆本、朱梦龙本、黄之寀本、日版宋邦乂本等十余个版本进行对勘，比较其异同。同时，对类书、旧注中涉及《吕氏春秋》的内容也加以利用。很多地方都加上按语，表明作者的意见。这部书开启了文字校理注重版本的风气，他们的汇校，对后世直至今日都有着重要的参考价值。《吕氏春秋集释》是毕沅《吕氏春秋新校正》之后，又一次对《吕氏春秋》进行全面梳理的著作。它的重要贡献是将清人的论述集于一炉，为读者提供了极大的方便；时有作者的新见解，平实而允正。这一时期，陶鸿庆的《读吕氏春秋札记》、孙锵鸣的《吕氏春秋高注补正》、吴承仕的《吕氏春秋旧注校理》、宋慈襄的《吕氏春秋补正》、刘咸炘的《吕氏春秋发微》、刘文典的《吕氏春秋斠补》、孙人和的《吕氏春秋举正》、范耕研的《吕氏春秋补注》、杨树达的《吕氏春秋拾遗》、于省吾的《双剑誃吕氏春秋新证》等等，都为《吕

图二十九　蒋维乔等《吕氏春秋汇校》

氏春秋》校读作出了很大贡献。他们的研究领域，还集中在对《吕氏春秋》文本及高诱注的字句、音读的校理上，为读懂《吕氏春秋》廓清道路。

胡适的《读吕氏春秋》第一次运用西方现代思想，从哲学与政治角度审视《吕氏春秋》。他认为《吕氏春秋》的哲学是贵生主义，其政治思想则是在贵生的基础上形成的自然主义。他的观点不一定为人们所接受，但他开启了从新视角研究《吕氏春秋》的先河。用新方法研究《吕氏春秋》，郭沫若《十批判书》中的《吕不韦与秦王政的批判》可算作最杰出的一篇。它廓清了此前对吕不韦的误解或诬陷，还吕不韦以本来面貌，承认吕不韦在历史上的突出地位。这篇文章对《吕氏春秋》作了全面的剖析，从《吕氏春秋》的成书、体制到它的哲学思想、政治思想、治国理念以及吕不韦与秦王政的矛盾对立，都深入论述，发前人所未发。这篇文章成为当今研究《吕氏春秋》的基石。

这一时期，受西学东渐的影响，学科分类渐细，开始出现一些对《吕氏春秋》分门别类的研究著作，如黄大受的《吕氏春秋政治思想论》，专门就《吕氏春秋》的政治思想进行探讨，主要就君道论、贤人政治论、用民与议兵论、治术论等方面进行了较为全面的分析，开启了《吕氏春秋》政治思想专题研究的先河。又如缪钺的《吕氏春秋中的音乐理论》，第一次就《吕氏春秋》音乐理论进行归纳和分析，为研究《吕氏春秋》音乐思想奠定了基础。还有一些专门论述《吕氏春秋》教育、农业的文章。研究的方向越来越细化，越来越专门。

20世纪40年代末至70年代末（1949—1979）的一段时间，《吕氏春秋》研究没有什么重要的成果。主要成果在于对科技文化方面的内容进行校理分析，如夏纬瑛的《吕氏春秋·上农等四篇校释》，出版于1956年，该书对《吕氏春秋》的《上农》《任地》《辩土》《审时》等四篇讲述农业政策和农业技术的文章，做了详细的校理和解释，他充分吸收前人的成果，特别是他大量参考了古代农书，对《吕氏春秋》这几篇所反映的农业生产技术和生产工具等做了全面的考察，并作出合理的解释。该书前有序言，后有后记。首先，夏氏认为《吕氏春秋·上农》等四篇，是战国后期后稷农书的遗存，而《汉书·艺文志》没有著录，说明早已亡佚，因此它们是研究战国时期农业思想、农业技术的珍贵资料。后记总结了校释中关于农具、农业生产、农业技术以及井田遗迹、畎亩作用等内容。夏氏的很多观点都被后来学者所采纳。吉联抗的《吕氏春秋音乐文字译注》（再版更名为《吕氏春秋中的音乐史料》），出版于1963年，1978年再版。该书辑录了《吕氏春秋》中所有关于音乐方面的文字，《大乐》《古乐》等五篇基本是整篇，还有各篇辑句，《本生》《圜道》等二十四篇辑录了其中讲到音乐的段或句。对这些资料都做了白话翻译，并有简单注释。他在再版致语中指出，这些资料有些与《礼记·乐记》或古代《乐经》有着密切的关系。杨宽的《战国史》大量引用《吕氏春秋》的材料，充实战国史的内容，使人们认识到《吕氏春秋》的重要的史料价值。另外，报刊杂志上偶有一些文章，但分量都不重。

这一时期，在台湾地区，有一些延续乾嘉遗风和民国研究理念的著作和文章，如尹仲容的《吕氏春秋校释》，赵金海的《吕氏春秋校诂》《读吕氏春秋札记》，潘光晟的《吕氏春秋高注补正》等。也有一些关于思想内容方面的著作和文章，如贺凌虚的《吕氏春秋政治理论》，李九瑞的《吕氏春秋思想理论》等。谢德三的《吕氏春秋虚词用法诠释》是《吕氏春秋》语言研究的第一部著作。

第五节　20 世纪 70 年代末以后的研究情况

20 世纪 80 年代以后,《吕氏春秋》研究出现一个前所未有的高潮。《吕氏春秋》研究呈现出多方位的态势,对《吕氏春秋》思想研究占据了突出的位置。王范之遗著《吕氏春秋研究》出版于 1993 年,初稿完成于 1948 年,其后经常修订。全书分为考征、学派、学说三篇,从多角度对《吕氏春秋》进行深入细致地剖析,多为前人所未论及。该书有一长篇绪论《吕不韦和吕氏春秋》,是他对全书的理论总结,对全书内容的提炼与升华。刘元彦的《杂家帝王学——〈吕氏春秋〉》(再版更名为《〈吕氏春秋〉:兼收并蓄的杂家》),初版于 1992 年,再版于 2008 年。全书分七章:商人政治家吕不韦、统一天下之路、治理天下的方略、天道和人道、失败的胜利者、综合百家、杂家的启示。该书对《吕氏春秋》核心内容进行了深入地阐述,特别指出《吕氏春秋》兼容并蓄的基本特点及其对后人的启示。该书对吕不韦及《吕氏春秋》都给予很高的正面评价。洪家义的《吕不韦评传》是一部全面介绍吕不韦和《吕氏春秋》的著作。全书分为八章,介绍了吕不韦所处的时代及其生平、业绩,论述了《吕氏春秋》对诸子学说的扬弃,特别着重阐述了《吕氏春秋》的政治思想、社会历史观、哲学思想、科技思想,对《吕氏春秋》的历史地位及其影响也作出自己的评论。洪氏的著作对吕不韦和《吕氏春秋》作出正面的评价。有些学者开始将《吕氏春秋》与其他著作进行比较研究,牟钟鉴的《〈吕氏春秋〉与〈淮南子〉思想研究》是最重要的代表性著作。该书分为两部分,第一部分为《吕氏春秋》思想,第二部分为《淮南子》思想,分别对《吕氏春秋》与《淮南子》

思想内容进行全方位的解析和阐述，第二部分专有一节就《淮南子》与《吕氏春秋》政治思想的异同进行比较。序言主要是说明二者的渊源关系，认为二者一脉相承，都属于黄老道家一派。台湾地区学者傅武光的《〈吕氏春秋〉与先秦诸子之关系》，论述了《吕氏春秋》与先秦诸子的渊源。讨论《吕氏春秋》与道家、儒家、墨家、阴阳家、法家等关系的论文都相继涌现。特别值得提出的是，这一时期，有很多博士生、硕士生的学位论文选择《吕氏春秋》研究的课题，产生不少有一定价值的论文，如吕艺的《吕氏春秋研究》，从多角度对《吕氏春秋》作了梳理分析，对《吕氏春秋》的结构体系提出了自己独特的看法。庞慧的《〈吕氏春秋〉对社会秩序的理解与构建》，对《吕氏春秋》编纂、结构及思想作了全方位的深入论述，有独到的见解，是近期不可多得的有分量的论文。陈宏敬的《吕氏春秋哲学思想研究》，主要对《吕氏春秋》的哲学思想进行阐释。

　　对《吕氏春秋》某一方面的内容进行专门研究的著作和论文也大量出现，王毓瑚的《先秦农家言四篇别释》、刘冠生的《〈吕氏春秋〉之〈上农〉四篇的内容体系》、萧风的《吕氏春秋养生精要》等。《吕氏春秋》语言研究也引起重视。张双棣的《吕氏春秋词汇研究》是国内专书词汇研究的第一部著作，成为研究《吕氏春秋》

图三十　现代部分《吕氏春秋》
研究著作

的重要参考。张双棣、殷国光、陈涛的《吕氏春秋词典》从语音、语法、语义三方面对《吕氏春秋》的全部词汇进行了分析描写，开创了专书词典编写的新思路。殷国光的《吕氏春秋词类研究》《〈吕氏春秋〉句法研究》就《吕氏春秋》的虚词和句法结构进行了全面的梳理和阐释。这一时期，很多研究生选择语言方面的论题，如李铭娜的博士论文《〈吕氏春秋〉动词研究》，胡光庭的硕士论文《〈吕氏春秋〉疑问句考察》等等。

学术的进步，不能只停留在学者的笔下，更应该使民众有所了解；而且要用学术研究的精审态度去作普及工作。这一时期，《吕氏春秋》今译今注的著作也相继出现，如王范之的《吕氏春秋选注》，张双棣、张万彬、殷国光、陈涛等四人的《吕氏春秋译注》，刘生良的《诸子现代版丛书·吕氏春秋》，对《吕氏春秋》的普及起了很好的作用。对《吕氏春秋》进行总结性整理的陈奇猷的《吕氏春秋校释》及后来的《吕氏春秋新校释》，对《吕氏春秋》研究作出了突出的贡献，在介绍版本时已有介绍，不再赘言。

特别需要提到的是，近年来，大型资料书《子藏》出版，其中《吕氏春秋卷》收录自元至正本以后至 1949 年前的各种《吕氏春秋》版本，各种校勘、考据性著作，以及各种研究著作，为《吕氏春秋》研究者提供很大的方便，推动了《吕氏春秋》的研究工作。

图三十一　《子藏》中《吕氏春秋》部分

第七章 《吕氏春秋》的贡献和影响及对后人的启示

第一节 《吕氏春秋》的贡献和影响

战国时期是中国思想最活跃的时期，百家争鸣，达到空前繁荣的程度。战国末期产生的《吕氏春秋》对这一情况作出了总结，吸收或融合了各家的思想，而这种吸收或融合是自觉的、公开的、批判性的、有所扬弃的，是紧密结合当时政治、军事斗争现实的。

《吕氏春秋》吸纳道家的思想，并作为它的哲学基础。汉代高诱在《吕氏春秋序》说："此书所尚，以道德为标的，以无为为纲纪。"《吕氏春秋》吸纳了道家的"道"，不过它认为道不是虚无，而是"一"，即"太一"，或即"精气"，这种精气是构成天地万物的最基本物质。《吕氏春秋》也吸纳了老子的"无为"思想，并限定在君道方面，它提出君道无为，臣道有为的主张。君道无为是前提，只有君道无为，才能做到臣道有为。对于老子的某些思想，吕氏认为与时代发展相左的，则弃而不采。比如老子提倡小国寡民，这与当时秦国统一天下而形成的大帝国，完全不相适应。吕不韦是要为统一的大帝国制定治国方略，如何能够采用小国寡民的思想？

所以他必然将其舍弃。吕不韦作为统一大帝国的宰相,大帝国的管理者,他的态度是积极的,向前看的,因此对于道家的某些带有消极色彩的东西,他也只能弃而不取。

《吕氏春秋》大量吸纳了儒家的思想,应该说,儒家思想是《吕氏春秋》思想的主体。儒家的核心思想是仁,《吕氏春秋》也讲到仁,《爱类》说:"仁也者,仁乎其类者也。"儒家把孝弟看作仁德根本,孔子说:"孝弟也者,其为仁之本与。"《吕氏春秋》也很重视孝道,《孝行》说:"夫孝,三皇五帝之本务,而万事之纪也。"《吕氏春秋》受孟子民本思想的影响很深,它强调民众是国家安危存亡的根本和关键。它说:"主之本在于宗庙,宗庙之本在于民。"又说:"人主有能以民为务者,则天下归之矣。"同时,《吕氏春秋》还吸纳了儒家关于教育、音乐教化等思想,在三夏纪中突出阐述了教育和音乐对治国的重要作用。

《吕氏春秋》对于法家思想,特别是在秦国一直处于独尊的地位的法家思想,持有一种批判的态度。秦国法家强调法的威严,强调耕战的意义,把它作为治国的根本,商鞅提出"重本抑末",即重农抑商的主张,《吕氏春秋》则改造了商鞅的提法,提出农、工、商三业并举。法家不要德化,不要贤人,一切以法为本。《吕氏春秋》则强调德治为本,赏罚只是辅助手段,同时特别强调用贤,认为求贤用贤是治国的重要条件。《吕氏春秋》不反对法,它认为治国无法则乱,但它反对法家集权的严刑苛法;反对完全以统治者的威权为基础、片面加在百姓身上的法。《吕氏春秋》吸纳了慎到等法家的"术、势"思想,以及法后王的思想,主张法应与时俱进,随时变法。

《吕氏春秋》吸收了墨家的节葬思想,主张薄葬,但否定了它的非攻思想，鲜明地提出自己的义兵说。这是根据当时秦国政治、军事斗争需要而采取的做法。主张节葬是为国家积累财富，反对偃兵，是因为秦国正在以军事手段推进统一六国的斗争。吕不韦认为，秦国统一六国的战争是拯救人民于水火之中，是义兵，是不能停止的。《吕氏春秋》也采纳了墨家的尚贤思想，把求贤、用贤作为君主无为无不为的一个重要方面。

《吕氏春秋》也吸收了阴阳家的思想，用阴阳五行规范帝王的政令，这在《十二纪》的纪首表现得最为突出。在《应同》中又用五行相次转移说明朝代的更迭，与邹衍的五德终始说相一致。

总而言之，《吕氏春秋》大量的全方位的吸纳百家思想中的有用成分，形成自己独特的思想体系，这是对当时以及后世的重要贡献。

《吕氏春秋》对后世的影响，特别是对汉代的影响是巨大的。首先，汉初所秉持的所谓黄老思想，汉初所实行的各项政策，都或多或少带有《吕氏春秋》的痕迹。或者说，就是《吕氏春秋》思想的实践。有人把《吕氏春秋》归入黄老道家，可能与此有所联系。

汉初的思想家都受到《吕氏春秋》的影响，其中最突出的是淮南王刘安。刘安的《淮南子》从写作方式、写作目的到思想体系，都与《吕氏春秋》有密切关系。刘安也仿照吕不韦，召集门客集体撰写，与吕不韦不同的是，刘安极富文才，为汉赋开创性的人物。《淮南子》一书，较《吕氏春秋》语言的古朴之风，更富有文采，这可能是因为刘安亲为所致。刘安进献《淮南子》一书给汉武帝，是汉武帝即位的第二年，即公元前139年，这与吕不韦将《吕氏春秋》悬之咸阳市门，在秦王政亲政前一年，有异曲同工之义。刘安写作《淮南子》并进献给汉武帝，其目的与吕不韦作《吕氏春秋》并悬之咸阳市门也大体是一致的，也是为了使汉武帝采用他的主张。《淮南子》全书没有一处提到《吕氏春秋》，但它的思想体系与《吕氏春秋》一脉相承，受到《吕氏春秋》深刻影响，是没有疑义的。

　　司马迁编纂《史记》所创制的纪传体的体例，全书分为十二本纪、十表、八书、三十世家、七十列传，很大程度上受到《吕氏春秋》的影响和启发。《吕氏春秋》是先秦唯一一部事先规划好结构体例的著作，十二纪、八览、六论，十分严整，这一点，司马迁十分了解，并借鉴到自己的著作中。刘知几在《史通·本纪第四》中说："昔汲冢竹书是曰纪年，《吕氏春秋》肇立纪号。盖纪者，纲纪庶品，网罗万物。考篇目之大者，其莫过于此乎？及司马迁之著《史记》也，又列天子行事，以本纪名篇，后世因之，守而勿失。"可见，唐代史家，亦认为《史记》所立十二本纪之体例，是受到《吕氏春秋》的影响。清代学者说得更加彻底，章学诚《校雠通义》说："吕氏之书，盖司马迁之所取法也。十二本纪，仿十二月纪；八书，仿其八览；七十列传，仿其六论。亦微有所以折衷之也。"

　　汉代的其他学者，陆贾、贾谊、董仲舒、王充等在他们的著作中，多是兼采各家，倡儒术而非纯儒，他们受到《吕氏春秋》的影响，是后代学者普遍认可的事实。

　　秦始皇统一六国，仅十四五年即灭亡。汉代学者认真总结秦国灭亡的原因，根本在于其严刑苛法，逞威寡恩，使得民不聊生。汉代思想家几乎一致认为，治国应以仁德为主，以刑罚为辅，儒、道、法并用，才可长久。陆贾在《新语·无为》中说："秦非不欲为治，然失之者，乃举措太众而用刑太极故也。是以君子尚宽舒以褒身，行中和以统远。民畏其威而从其化，怀其德而归其境，美其治而不敢违其政。其禁民，不罚而畏，不赏而劝，渐渍于道德，被服于中和之所致也。"董仲舒曾对汉武帝说："王者承天意以从事，故任德教而不任刑罚。……为政而任刑罚，不顺于天，故先王莫之肯为也。……法出而奸生，令下而诈起。"（《汉书·董仲舒传》）这些都与《吕氏春秋》德义为主、赏罚为辅的思想相一致。《吕氏春秋》曾明确提出"严罚厚赏，此衰世之政也"（《上德》）。秦始皇没有采纳吕不韦的主张，而引进了与之沆瀣一气的韩非，使秦国的集权传统进一步膨胀，虽欲"世而勿失"，却落得二世而亡。

《吕氏春秋》以后的杂家著作，都遵循包容的、兼收并蓄的、服务于现实的传统。我们甚至看到，儒家独尊以后，中国思想文化的发展，也都或多或少的体现出这种杂家风格。

第二节　《吕氏春秋》对后人的启示

《吕氏春秋》杂家思想的特征，对于后人以至今天仍有启发和借鉴作用。

我们现在讨论传统文化如何促进新文化的发展，应该充分借鉴杂家吸纳百家的做法，本着积极的、公开的、宽容的态度，对待古今中外的各种思想学说，择其善者而从之，其不善者而舍之。

我们要彻底了解传统文化的内涵与真谛，厘清它们的产生和发展的历史脉络，从而为新文化的建立奠定基础。正如吕不韦召集天下各国智略之士，其中自然包括各个学派的人士，集思广益，作为他完成《吕氏春秋》的第一步。

我们要积极地研究当今世界各种思想文化，不管是西学还是东学，不能有畏缩感、自卑感，也不能有傲慢和轻视的态度，我们要建设的是强国思想文化的基础建筑，应该有这种不卑不亢的自信。正如吕不韦要规划秦统一大帝国的治国方略，正是本着这种精神，去吸纳各国各家的思想，去采撷各家成熟的成果，而为己所用。

我们要将传统与现代、外域与本土有机地融合，传统要为现代服务，外域要为本土服务，也就是说，要从传统与外域的思想文化中吸取营养和智慧，为当今社会的政治文化注入活力。正如吕不韦从前代和当代、从秦国和六国的思想文化中汲取可用的成分那样。

我们要特别着眼于创新，不能墨守成规。时代是发展的，社会是进步的，我们的思想文化建设不能只停留在一个层面上，必须与时俱进，有所创新。创新，是思想文化建设的生命，也是学术进步的生命。《吕氏春秋》政治思想体系的建立，就是吕不韦创新思想的产物。

我们说新文化的建立要借鉴杂家的做法，并不是因袭杂家。新文化是多元的、独立发展的。在独立发展的过程中，可以借鉴杂家宽容的、兼收并蓄的做法。多元文化的发展应该是新文化的首要工作。在多元发展的基础上，会产生社会主义的新文化。

主要参考文献

方勇总编纂：《子藏・杂家部・吕氏春秋卷》，国家图书馆出版社，2017 年（1949 年前有关《吕氏春秋》的文献皆收于其内，不再单列）。

（晋）杜预注、（唐）孔颖达疏：《春秋左传正义》，中华书局《十三经注疏》本，1980 年。

（三国吴）韦昭注：《国语》，上海古籍出版社，1978 年。

何建章：《战国策注释》，中华书局，1990 年。

（清）郭庆藩：《庄子集释》，中华书局，1978 年。

（清）王先谦：《荀子集解》，中华书局《诸子集成》本，1986 年。

（汉）郑玄注、（唐）孔颖达疏：《礼记正义》，中华书局《十三经注疏》本，1980 年。

（汉）蔡邕：《月令章句》，江阴南菁书院，1888 年刻本。

张双棣：《淮南子校释》（增订本），北京大学出版社，2013 年。

袁珂：《山海经校注》，上海古籍出版社，1980 年。

（清）张志聪：《黄帝内经集注》，浙江古籍出版社，2002 年。

（清）段玉裁：《说文解字注》，上海古籍出版社，1981 年。

（清）王念孙：《广雅疏证》，江苏古籍出版社，1984 年。

（清）王引之：《经义述闻》，江苏古籍出版社，2000 年。

陈奇猷：《吕氏春秋校释》，学林出版社，1984 年。

陈奇猷：《吕氏春秋新校释》，上海古籍出版社，2002 年。

夏纬瑛：《吕氏春秋·上农等四篇校释》，农业出版社，1963 年。

王毓瑚：《先秦农家言四篇别释》，农业出版社，1981 年。

吉联抗：《吕氏春秋中的音乐史料》，上海文艺出版社，1978 年。

王范之：《吕氏春秋选注》，中华书局，1981 年。

张双棣、张万彬、殷国光、陈涛：《吕氏春秋译注》（增订本），北京大学出版社，2011 年。

刘元彦：《〈吕氏春秋〉：兼收并蓄的杂家》，生活·读书·新知三联书店，2008 年。

牟钟鉴：《〈吕氏春秋〉与〈淮南子〉思想研究》，齐鲁书社，1987 年。

洪家义：《吕不韦评传》，南京大学出版社，1995 年。

王范之：《吕氏春秋研究》，内蒙古大学出版社，1993 年。

冯友兰：《中国哲学史新编》，人民出版社，1964 年。

杨荫浏：《中国古代音乐史稿》，人民音乐出版社，1980 年。

中国社会科学院考古研究所：《中国古代天文文物论集》，文物出版社，1989 年。

徐复观：《两汉思想史》（第二卷），华东师范大学出版社，2001 年。

庞慧：《〈吕氏春秋〉对社会秩序的理解与构建》，中国社会科学出版社，2009 年。

吕艺：《论〈吕氏春秋〉的结构体系》，北京大学学报（哲学社会科学版）1990 第 5 期。

李家骧：《中外〈吕氏春秋〉学评考综要（上、下）》，湘潭大学学报（哲学社会科学版）1999 第 1 期、2001 第 5 期。

《中国珍贵典籍史话丛书》已出版书目

序号	书名	著者	定价	出版时间	条码
1	打开西夏文字之门	聂鸿音 著	48.00	2014 年 7 月	ISBN 978-7-5013-5276-0
2	《文苑英华》史话	李致忠 著	52.00	2014 年 9 月	ISBN 978-7-5013-5273-9
3	敦煌遗珍	林世田 杨学勇 刘 波 著	58.00	2014 年 9 月	ISBN 978-7-5013-5274-6
4	康熙朝《皇舆全览图》	白鸿叶 李孝聪 著	45.00	2014 年 9 月	ISBN 978-7-5013-5351-4
5	慷慨悲壮的江湖传奇	张国风 著	52.00	2014 年 10 月	ISBN 978-7-5013-5442-9
6	《太平广记》史话	张国风 著	48.00	2015 年 1 月	ISBN 978-7-5013-5484-9

7	《永乐大典》史话	张忱石　著	48.00	2015 年 1 月	ISBN 978-7-5013-5493-1
8	《玉台新咏》史话	刘跃进　原著 马燕鑫　订补	53.00	2015 年 1 月	ISBN 978-7-5013-5530-3
9	《史记》史话	张大可　著	52.00	2015 年 6 月	ISBN 978-7-5013-5587-7
10	西夏文珍贵典籍史话	史金波　著	55.00	2015 年 9 月	ISBN 978-7-5013-5647-8
11	《金刚经》史话	金根先 林世田　著	38.00	2016 年 6 月	ISBN 978-7-5013-5803-8
12	《太平御览》史话	周生杰　著	45.00	2016 年 10 月	ISBN 978-7-5013-5874-8
13	春秋左传史话	赵伯雄　著	45.00	2016 年 11 月	ISBN 978-7-5013-5880-9
14	《尔雅》史话	王世伟　著	38.00	2016 年 12 月	ISBN 978-7-5013-5938-7
15	《广舆图》史话	成一农　著	48.00	2017 年 1 月	ISBN 978-7-5013-5990-5

16	《齐民要术》史话	缪启愉 缪桂龙 著	45.00	2017 年 4 月	ISBN 978-7-5013-5978-3
17	《淳化阁贴》史话	何碧琪 著	55.00	2017 年 4 月	ISBN 978-7-5013-6055-0
18	《四库全书总目》：前世与今生	周积明 朱仁天 著	58.00	2017 年 12 月	ISBN 978-7-5013-5926-4
19	《福建舆图》史话	白鸿叶 成二丽 著	40.00	2017 年 12 月	ISBN 978-7-5013-5979-0
20	《孙子兵法》史话	熊剑平 著	50.00	2018 年 1 月	ISBN 978-7-5013-6312-4
21	《诗经》史话	马银琴 胡霖 著	50.00	2019 年 4 月	ISBN 978-7-5013-6691-0
22	《夷坚志》史话	许逸民 著	24.00	2019 年 4 月	ISBN 978-7-5013-6687-3
23	《唐女郎鱼玄机诗》史话	张波 著	62.00	2019 年 4 月	ISBN 978-7-5013-6663-7

国家图书馆出版社简介

国家图书馆出版社 1979 年成立，原名"书目文献出版社"，1996 年更名为"北京图书馆出版社"，2008 年改为现名。

本社是文化和旅游部主管、国家图书馆主办的中央级出版社。2009 年 8 月新闻出版总署首次经营性图书出版单位等级评估定为一级出版社，并授予"全国百佳图书出版单位"称号。2014 年被全国哲学社会科学规划办公室评定为"国家社科基金后期资助项目推荐申报出版机构"。

建社四十余年来，形成了两大专业出版特色：一是整理影印各种稀见历史文献；二是编辑出版图书馆学和信息管理科学著译作，出版各种书目索引等中文工具书。此外还编辑出版各种文史著作和传统文化普及读物。